Dino
VERLAG

Ashley Lindisfarne

HINTER GITTERN
der Frauenknast

Die Geschichte der Vivien Andraschek

Dino
VERLAG

Die Deutsche Bibliothek – CIP-Einheitsaufnahme

Lindisfarne, Ashley:
Hinter Gittern – der Frauenknast : [TV-Roman ; der offizielle Roman zur Serie] / Ashley Lindisfarne. – Stuttgart : Dino-Verl.
(RTL-Buchedition)
Die Geschichte der Vivien Andraschek. – 1999
ISBN 3-89748-156-1

Beim Dino Verlag ist bereits erschienen:
„Die Geschichte der Susanne Teubner“ von Ashley Lindisfarne
„Die Geschichte der Blondie Koschinski“ von Ashley Lindisfarne

Dieses Buch wurde auf clorfreiem, umweltfreundlich hergestelltem Papier gedruckt.

Titelfoto: Stefan Erhard
Umschlaggestaltung: tab werbung GmbH / Holger Stracker, Stuttgart
Satz: Greiner & Reichel, Köln
Druck: Elsnerdruck, Berlin

Der Dino Verlag im Internet: **www.dinoverlag.de**
Bücher – Magazine – Comics

Erster Teil

1

„Hoffentlich komme ich nicht zu spät", dachte Vivi besorgt, als sie von der Schule nach Hause radelte. „Papa wird sonst wieder ausrasten ..." Sie trat kräftig in die Pedale und war froh, daß sie heute Jeans und Turnschuhe trug, und nicht den Rock, den ihre Mutter ihr am Morgen hingelegt hatte. So kam sie schneller voran.

Vivi war neun Jahre alt, sie ging in die vierte Klasse der Grundschule in Barneberg, drei Kilometer von dem kleinen Dorf entfernt, in dem sie aufwuchs. Wenn ihre Mutter über Mittag arbeitete, durfte Vivi nach der Schule nicht herumtrödeln, sondern mußte sofort nach Hause. Der Vater duldete es nicht, wenn sein Essen nicht pünktlich auf den Tisch kam.

Trotzdem war es bereits kurz nach halb eins, als Vivi in die Hofeinfahrt einbog, das Fahrrad an die Hauswand lehnte und keuchend ins Haus lief.

„Das wird aber Zeit!", dröhnte Herbert Andraschecks Stimme vom Wohnzimmer herüber.

„Entschuldige, Papa, aber es hat ein bißchen länger gedauert!" Vivi ließ den Ranzen fallen und lief ins Wohnzimmer.

„Die Lehrerin hat überzogen, weil wir das Diktat zurück bekommen haben. Ich hab eine Eins geschrieben!“, verkündete sie stolz. Das machte die kleine Verspätung bestimmt wieder wett.

„Dann sag der Lehrerin, daß sie sich das nächste Mal gefälligst beeilen soll!“, wies ihr Vater sie zurecht, ohne die tolle Note zu würdigen. „Es gibt noch andere wichtige Dinge!“

Vivi nickte eingeschüchtert. „Ja, Papa.“ Sie rannte in die Küche und stellte den Herd an. Die Mutter hatte das Essen vorbereitet, sie brauchte es nur aufzuwärmen. Hastig deckte sie den Küchentisch, holte aus dem Kühlschrank ein Bier für den Vater und für sich eine Limonade. Als sie das Essen auf die Teller verteilte, kam ihr Vater herein und setzte sich wortlos hin. Er goß Bier in sein Glas und leerte es in einem einzigen Zug, füllte nach und trank das zweite Glas ebenso schnell aus. Vivi sprang auf und holte die nächste Flasche aus dem Kühlschrank. Es war sommerlich warm, und ihr Vater trug ein kurzärmeliges Hemd und Shorts; trotzdem schwitzte er beträchtlich. Er war 34 Jahre alt, ein großer, schwerer Mann mit einem gewaltigen Bierbauch und Schwielen an den groben Händen. Sein dunkles Haar war nur wenige Zentimeter lang, stets ungekämmt und von Zement- und Staubspuren gezeichnet. Das kantige Gesicht wurde von einer großen Nase beherrscht; buschige Brauen überspannten die hellen, glanzlosen Augen.

„Die Lehrerin hat mich gelobt“, fing Vivi beim Essen erneut von ihrem Erfolg in der Schule an. „Ich habe mich diesmal auch wirklich sehr angestrengt." Gespannt blickte sie ihren Vater an.

„Angestrengt?", erwiderte er zerstreut. „Wobei denn?"

„Bei dem Diktat! Ich hab doch die beste Note bekommen!", rief Vivi enttäuscht, weil der Vater es schon wieder vergessen zu haben schien.

„Da fühlst du dich wohl jetzt besonders schlau, was?" fragte er mit einem boshaften Grinsen. „'ne richtige kleine Schlauscheißerin! Und damit, meinst du, hast du das Recht, deinen Vater auf sein Essen warten zu lassen, wie?"

Vivis Kindergesicht trübte sich. „Nein, Papa, aber ich dachte –", begann sie zaghaft, doch er unterbrach sie.

„Jetzt hör mir mal zu: Ich gehe spätestens um halb sechs morgens aus dem Haus und komme abends frühestens um sechs Uhr heim. Ich arbeite mir den Rücken auf dem Bau krumm, nur damit das Fräulein ein Dach über dem Kopf und etwas Anständiges zu Essen und was Ordentliches am Leibe hat. Das ist harte Männerarbeit, verstehst du?"

Vivi wich zurück, als der Vater plötzlich mit dem rechten Arm ausholte. Aber er ließ ihn nur schwer auf die Tischplatte krachen und spannte demonstrativ die beeindruckenden Muskeln an. „Da ist es doch wohl nicht zu viel verlangt, wenn ich mein Essen pünktlich auf dem Tisch haben will, denkst du nicht? Meine Mittagspause ist begrenzt, und ich habe Hunger! Wenn ich nichts esse, kann ich nicht arbeiten, und wenn ich nicht arbeiten kann, bekommst du nichts zum Anziehen, so einfach ist das!"

Vivi ließ den Kopf hängen. „Entschuldige, Papa", murmelte sie. Sie fühlte sich den Tränen nahe. Ihre Freude über die gute Note war verflogen. Dabei wollte sie doch nur, daß ihr Vater einmal, ein einziges Mal stolz auf sie war. Die meiste Zeit hielt er sie nämlich nur für unnütz, was er sie auch immer wieder deutlich spüren ließ.

„Was sind das überhaupt schon wieder für Sachen, die du anhast?", fuhr Herbert Andraschek mit der Predigt fort. „So kleidet sich doch kein anständiges Mädchen!"

„Aber alle tragen solche Jeans", wagte Vivi einen leisen Widerspruch. Sie war schon mehrmals gehänselt worden, weil ihre Mutter sie meistens zwang, Rock und Bluse oder ein Kleid anzuziehen. Viele Klassenkameraden hielten Vivis Eltern deswegen für rückständig.

„Ach so, was die anderen tun oder meinen zählt natürlich mehr als das, was die Eltern sagen!", schnappte der Vater. „Und wenn man gute Noten heimbringt, ist man den Eltern wohl überlegen und braucht keinen Respekt mehr zu zeigen!"

„Nein, Papa!", rief Vivi erschrocken. Es war ein schlechtes Zeichen, wenn er sich schon mittags derart in Wut redete. Hoffentlich holte er sich nicht das dritte Bier. Dann bekam er nämlich wieder Ärger auf dem Bau. Es war in solchen Fällen schon vorgekommen, daß sie ihn früher nach Hause geschickt hatten, und dann hatte es immer einen schlimmen Krach mit Mama gegeben. Vivi hatte immer Angst, wenn die Eltern sich stritten. Dabei waren auch schon Sachen zu Bruch gegangen, oder Mama lief einige Tage mit einem blauen Auge herum.

„Es wird nie wieder vorkommen!“, fügte Vivi flehend hinzu. Sie verstand nicht, was sie eigentlich angestellt hatte. Aber dieser Satz hatte sich schon so fest eingeprägt, daß Vivi ihn fast automatisch aufsagte, sobald die Eltern böse auf sie waren.

Der Vater sagte nichts mehr; er widmete sich seinem Essen und trank die zweite Flasche Bier aus. Dann stand er auf und verschwand im Bad. Eine Viertelstunde später verließ er grußlos das Haus.

Kurz darauf kam die Mutter nach Hause. „Kind, was für eine Unordnung“, seufzte sie, kaum zur Tür hereingekommen. Vivi war noch beim Aufräumen. „Muß ich mich denn wirklich um alles selbst kümmern?“

„Ich bin noch nicht ganz fertig, aber ich beeile mich, Mama“, versicherte das Mädchen.

„Aber du hast noch nicht einmal den Tisch richtig abgewischt, und der Boden klebt“, fuhr Carola Andraschek fort. „Vivi, du bist doch ein großes Mädchen, du müßtest es inzwischen besser können! Es sind ohnehin nur Kleinigkeiten, die ich von dir verlange.“

Vivi sah den „Dreck“ nun einmal nicht, und sie war mit ihren Schuhen nicht kleben geblieben. Aber sie schwieg; ihre Mutter hatte darin schließlich mehr Erfahrung als sie. Sie war eine perfekte Hausfrau, obwohl sie viel arbeiten mußte, und darauf war

Vivi stolz. Sie war schon zu Besuch bei anderen Kindern gewesen, wo es keineswegs so ordentlich ausgesehen hatte. Vivi versuchte, ihrer Mutter nachzueifern, aber es gelang ihr bisher nur unzureichend. „Ich schaff's schon, Mama. Hast du Hunger? Es ist noch –"

„Natürlich habe ich Hunger, doch es ist noch soviel zu tun", unterbrach die Mutter erschöpft. „Ich wollte ja schon früher zurück sein, aber Leonhard hat mir wieder zusätzlich Arbeit aufgehalst. Einer seiner Leute ist krank geworden, und da hat er die Arbeit auf uns Frauen verteilt." Carola Andraschek wischte sich mit dem Handrücken über die Stirn. Sie war mittelgroß und leicht rundlich, mit langen blonden Haaren, die meistens streng nach hinten zusammengebunden waren. Sie sah älter aus als dreißig, vielleicht durch die ständige schwere körperliche Arbeit. Im Sommer arbeitete sie meistens bei verschiedenen Bauern in der Umgebung, im Winter ging sie putzen. Ihre Haut war trotz der Arbeit auf dem Feld bleich und fleckig, die blauen Augen hatten meistens einen müden, leicht abwesenden Ausdruck.

„Ich muß dir was erzählen, Mama", platzte Vivi heraus, als sie merkte, daß ihre Mutter sich auf den Haushalt stürzen wollte.

„So? Was denn?" In Carola Andrascheks Stimme schwang sofort Mißtrauen mit. Auf dem Land gab es nur selten „etwas zu erzählen"; meistens bedeutete das nichts Gutes.

„Ich hab eine Eins im Diktat bekommen!", berichtete Vivi, erneut von Stolz erfüllt.

„Wirklich? Eine Eins?"

„Ja, es war die beste Arbeit, stell dir vor, ich habe nur einen einzigen Fehler gemacht." Vivi stellte sich direkt vor ihre Mutter, damit sie ihr nicht ausweichen konnte und sie einfach loben mußte. Vielleicht nahm sie sie sogar in den Arm.

Aber sie wurde enttäuscht. Die Mutter war mit den Gedanken wohl schon wieder woanders, bei der vielen Arbeit, die sie heute noch erledigen wollte: „Na, das ist ja sehr schön", sagte sie lediglich im neutralen Tonfall. „Hoffentlich spornt dich das zu besseren Leistungen in den anderen Fächern an. Schließlich willst du doch im Herbst auf die Realschule gehen."

Vivi machte ein enttäuschtes Gesicht. Sie hatte die kräftigen, schönen blonden Haare ihrer Mutter geerbt; abgesehen davon sah sie keinem Elternteil ähnlich. Sie besaß eine schlanke, aber kräftige Statur und ein fröhliches, rundliches Gesicht mit großen, verträumten blauen Augen.

„Aber Mama, ich habe doch keinen schlechten Notendurchschnitt." Noch immer sah sie ihre Mutter erwartungsvoll an. Sollte das wirklich alles gewesen sein? War sie selbst die Einzige, die sich über ihre Note freute?

Carola bemerkte ihren Blick. „Was ist?", fragte sie irritiert. „War sonst noch etwas?"

Vivi gab es auf. „Nein."

„Na, dann geh jetzt auf dein Zimmer. Du hast doch bestimmt Hausaufgaben, nicht wahr? Erledige sie lieber gleich, damit du mir nachher beim Abendessen helfen kannst."

„Ja, Mama."

Vivi hatte aber überhaupt keine Lust, sofort Hausaufgaben zu machen. Es war so schönes Wetter, und das Schuljahr neigte sich dem Ende zu; da waren die Hausaufgaben nicht mehr ganz so wichtig. Viel lieber wäre sie ein paar Runden mit dem Rad herumgefahren; vielleicht zum kleinen Weiher hinunter, um ein bißchen zu baden.

Aber sie mußte Mama helfen, und nach dem Essen hatte sie keine Zeit mehr für die Hausaufgaben.

Mit einem tiefen Seufzer setzte sie sich an den kleinen Tisch, der direkt vor ihrem Fenster stand, und kramte die Hefte aus dem Schulranzen hervor. Doch kaum hatte sie sie aufgeschlagen, als ihr Blick schon wieder nach draußen ging, zu der großen Eiche vor ihrem Fenster, und den goldgelben Feldern dahinter.

Die meisten Kinder aus ihrer Klasse waren jetzt bestimmt draußen und spielten miteinander. Vivi war selten mit dabei, weil sie nach der Schule gleich nach Hause mußte, um ihrem Vater das Essen zu bereiten. Zum Glück war sie nicht die Einzige, andere Kinder aus dem Dorf mußten auch zu Hause helfen. So verteilte sich der Spott der anderen und blieb nicht allein an ihr hängen.

Bachweiler war ein sehr kleines Dorf und auf keiner Landkarte zu finden. Es führte nur eine schmale Straße dorthin, so daß sich kaum jemand hierher verirrte, nicht einmal Radfahrer oder Wanderer, obwohl die Landschaft ringsum sehr schön war. Aber sonst gab es hier nichts Besonderes zu sehen. Selbst in

Barneberg wußte kaum jemand, wo Bachweiler lag. Der Ort bestand aus der geteerten Hauptstraße, an der sich die einfachen, kleinen Arbeiter- und Bauernhäuschen entlangreihten, einem Tante-Emma-Laden, der zugleich Poststelle war, einer kleinen Kirche und daneben dem Gasthaus. Von der Hauptstraße führten noch einige Kieswege zu weiteren Wohnhäusern. Und dann gab es natürlich noch den kleinen Bach, der dem Dorf den Namen gegeben hatte; er führte am südlichen Ortsrand vorbei und schließlich zu einem zwei Kilometer entfernten Weiher, zu dem Vivi hin und wieder mit dem Rad zum Baden fuhr.

Jeder kannte hier jeden, und die Anlaufstelle für die neuesten Nachrichten, Klatsch und Tratsch war der Krämerladen, wo man sich unweigerlich begegnete. Es gab nicht einmal eine Bushaltestelle, erst in Barneberg, wohin man entweder zu Fuß ging, mit dem Fahrrad fuhr oder eine Mitfahrgelegenheit fand. Die wenigsten Leute hatten ein Auto.

Die Dorfbewohner verdienten ihren Lebensunterhalt in der Landwirtschaft, auf dem Bau oder im Handwerk.

Mit den meisten kam Vivi gut aus. Sie war ein freundliches, eher zurückhaltendes Mädchen mit natürlicher Höflichkeit. Die meisten Erwachsenen beachteten die Familie Andraschek kaum, was Vivi nicht wunderte, denn ihre Eltern hatten auch immer sehr viel zu tun.

Die Kinder von Bachweiler bildeten eine lockere Gemeinschaft; man traf sich, wenn man „frei“ hatte. Die Schulkameraden in Barneberg, das zwar auch nur ein großes Dorf war, machten sich über die Bachweiler-Kinder oft lustig, bezeichneten sie großmäulig als „zurückgebliebene Langweiler".

Vivi machte es nichts aus, wenn sie mal niemanden zum Spielen fand und allein draußen war. Mit ihrem Rad war sie sehr beweglich, und sie liebte das Land. Manchmal, an schönen Sonntagen im Sommer, wenn die Eltern nach der Kirche ausnahmsweise einmal gemeinsam in die Kneipe gingen, hatte Vivi einige Stunden Zeit. Dann fuhr sie mit ihrem kleinen Rad einen verbotenen Weg, Richtung Grenze, um heimlich einen Blick nach „drüben" zu werfen.

Natürlich wagte sie sich nicht direkt an die Grenze heran, sie hatte genügend Geschichten über die schrecklichen Dinge gehört, die mit Leuten passierten, die der verbotenen Zone zu nahe kamen – egal von welcher Seite. So hielt sie jedesmal auf demselben Hügel in sicherer Entfernung an und spähte über den Stacheldrahtverhau auf die andere Welt jenseits des Streifens, wo die Leute zwar deutsch redeten wie hier, aber trotzdem irgendwie keine Deutschen mehr waren. Zumindest hatte ihr Vater das so ausgedrückt, als sie ihn einmal danach gefragt hatte. Und er hatte ihr verboten, sich jemals in die Nähe der Grenze zu wagen.

„Es gibt auf der anderen Seite nur einen einzigen Ort, wo wir uns aufhalten dürfen, und das ist West-Berlin", hatte der Vater erklärt. „Dort lebt dein Onkel Eberhard, dem es bei uns hier nicht mehr gefiel."

Onkel Eberhard war Papas Bruder; Vivi kannte ihn nur vom Telefon. „Besuchen wir irgendwann Onkel Eberhard?“, fragte sie gelegentlich. Manche Kinder hatten eine richtige Großfamilie, mit der sie prahlten. Vivi hatte nur einen Opa, Mamas Vater, und eine Oma, Papas Mutter, die aber beide irgendwo in der Lüneburger Heide lebten und sich nicht sonderlich für ihre Enkelin interessierten. Hin und wieder kam eine Geburtstagskarte.

„Was sollen wir in einer Großstadt?“, lehnte der Vater jedesmal ab. „Es genügt doch, wenn einer in der Familie verrückt geworden ist und sich für was Besseres hält als er ist. Am Ende bekommst du auch noch Flausen in den Kopf und vergißt, wo du hingehörst.“

Vivi hatte keine rechte Vorstellung, wie es in einer Stadt zugehen mochte. Einige Mädchen in der Schule hatten schlau getan und geheimnisvoll gemurmelt, daß alles sehr groß und total gefährlich sei, jeder zweite in der Stadt sei ein Verbrecher, und überhaupt lebten dort alle auf großem Fuß von Geld, das ihnen nicht gehörte.

Die Stadt hätte Vivi schon einmal interessiert. Vor allem die Einkaufsstraßen dort und die vielen Geschäfte. Bisher kannte sie das alles nur aus dem Fernsehen, und auch nur ein wenig, weil der Vater immer auf Sport umschaltete. Sie verreisten nie, nicht einmal in die nähere Umgebung. Wenn die Eltern Urlaub hatten, arbeitete der Vater entweder schwarz, um sich etwas dazu zu verdienen, oder er lag den ganzen Tag auf dem Sofa herum und schlief. Die Mutter hingegen war froh, „endlich mal genug Zeit" für einen gründlichen Hausputz und die Entrümpelung zu haben. Vivi wurde dann meistens in der Nähe zu einem Bauern geschickt, um aus dem Weg zu sein. Bei der Gelegenheit konnte sie dort auch bei der Feldarbeit zur Hand gehen. Die ganze Zeit nur zu spielen, war nach Ansicht der Andrascheks ungehörig und nicht „sinnvoll". Vivi bekam für ihre Hilfe ein Taschengeld, das sie ganz für sich behalten durfte und vor allem in Süßigkeiten und Chips investierte; ein sonst seltener Genuß.

An so schönen Tagen wie diesem sehnte Vivi sich nach nichts mehr als mit dem Fahrrad zwischen den Feldern hindurch zu sausen, im Weiher zu planschen oder einfach nur unter einem alten Obstbaum zu liegen, in den Himmel zu schauen und zu träumen.

Stattdessen mußte sie hier herumsitzen und für die Schule büffeln. Wenn nur die großen Ferien endlich anfingen! Aber bis dahin waren es noch gut drei Wochen, und die Lehrer waren längst noch nicht in Ferienlaune und verlangten entsprechende Leistungen von der letzten Grundschulklasse, damit im Übergangszeugnis nur gute Noten standen.

Vivi entfuhr ein zweiter, tiefer Seufzer. Manche ihrer Schulkameraden aus Barneberg wären längst aus dem Fenster, von dort in den Baum und dann an den Ästen herunter geklettert, hätten sich das Fahrrad geholt und wären abgehauen. Das waren die Zehnjährigen, die sich schon einiges trauten. Aber Vivi kam es nicht in den Sinn, so ungehorsam zu sein. Es würde ja doch herauskommen, und dann würde Papa böse, und Mama weinte. Dieser Preis war Vivi entschieden zu hoch.

„Vivi?“

Das Mädchen fuhr hoch, als es die Stimme der Mutter hörte. Verstört stellte Vivi fest, daß sie über ihrem Heft eingeschlummert war. Die aufgestaute Hitze im Zimmer hatte sie schläfrig gemacht, und ihre träumerischen Gedanken hatten sie einfach davongetragen …

„Ja?“ Sie ging zur Tür und öffnete sie. „Hast du gerufen, Mama?“ Sie hörte ihre Mutter unten in der Küche hantieren.

„Hat dein Vater gesagt, wann er heute nach Hause kommt?“

„Nein.“

„Seltsam. Die Schicht ist doch heute früher aus, das weiß ich von seinem Kollegen.“

„Er hat nichts gesagt.“

„Dann hat er vermutlich eine Extra-Arbeit. Er wird also erst zur gewohnten Zeit eintreffen. Das verschiebt meinen ganzen Zeitplan!“

„Kann ich dir was helfen?“

„Sind die Hausaufgaben fertig?“

„Äh … fast.“ Vivi merkte, wie ihr Gesicht sofort heiß wurde, und war froh, daß ihre Mutter sie nicht sehen konnte.

„Gut, den Rest kannst du später machen. Komm runter und hilf mir.“

Wie die meisten Häuser in Bachweiler war Vivis Zuhause nicht groß, aber es gehörte der Familie, und niemand sonst wohnte hier. Dafür wäre auch nicht genug Platz gewesen – unten gab es ein kleines Wohnzimmer und die Küche, oben das kleine Bad, das elterliche Schlafzimmer und Vivis Zimmer. Bei den Leuten in der Stadt war das wohl anders, wie Freundinnen ihr erzählt hatten; sie lebten in großen, in viele Wohnungen unterteilten Häusern und mußten meistens Miete zahlen. Vivis Mutter hatte das Haus von einer alleinstehenden Tante geerbt, und niemand konnte ihnen Vorschriften machen, was sie damit machten.

Carola kam mit einem Wäschekorb aus dem Keller. „Hilf mir, die Wäsche draußen im Hof aufzuhängen."

Vivis Herz machte einen kleinen Hüpfer; immerhin kam sie so ein wenig nach draußen. „Wenn ich mich beeile, darf ich dann noch eine Runde mit dem Rad fahren, Mama?", platzte sie plötzlich heraus.

Die Mutter zögerte. „Es ist schon spät ..."

„Ach, bitte, Mama, nur ein bißchen", verlegte sie sich aufs Betteln. „Es ist doch so schönes Wetter!"

„Und deine Hausaufgaben?"

„Die kann ich nach dem Abendessen machen, bevor ich ins Bett gehe!" Der Drang war einfach zu groß. Sie wollte raus!

„Na gut. Aber nur eine Viertelstunde!"

Vivi dehnte die Viertelstunde natürlich aus, aber sie war pünktlich zurück, um den Tisch zu decken.

Wer jedoch nicht kam, war ihr Vater.

Nach einer halben Stunde setzte die Mutter sich an den Tisch. „Komm, Vivi, wir essen jetzt. Sonst bleibst du bis in die Puppen auf."

Vivi beobachtete ihre Mutter, die lustlos, mit düsterer Miene, in ihrem Essen herumstocherte und immer wieder auf die Uhr sah. Inzwischen war es halb neun.

„Meinst du, Papa ist was passiert?", fragte Vivi vorsichtig an. Obwohl es hin und wieder vorkam, daß ihr Vater abends nicht pünktlich war, machte sie sich sofort Sorgen. Es war ihr wichtig, daß beim Essen alle da waren.

Die Mutter lachte bitter. „Passiert? Dem? Vermutlich hockt er irgendwo mit seinen Kollegen und schüttet ein Bier nach dem anderen in sich hinein, so wird es sein!"

„Wir könnten doch Gerta anrufen, sie weiß vielleicht –" Gerta war die Frau eines Arbeitskollegen, die immer über alles genauestens Bescheid wußte. Sie rief oft an, wenn Papa ausblieb, und dann wurde Mama immer ganz hektisch.

„Was für ein Unsinn!", fuhr Carola auf. „Sei still! Was verstehst du davon, du bist ein Kind!"

Vivi zog einen Flunsch. „Aber ich wollte doch nur ..."

„Ach, geh zu Bett", unterbrach die Mutter unwirsch. „Ich mache hier allein sauber."

Vivi trollte sich auf ihr Zimmer. „Weshalb muß ich immer so früh ins Bett?", dachte sie. „Es ist doch noch hell, da kann ich sowieso nicht schlafen."

Dann fielen ihr siedendheiß die Hausaufgaben ein, und sie schlug erneut die Hefte auf.

Der Vater kam erst sehr spät, als es schon längst dunkel war. Vivi wachte von dem Lärm auf, den er beim Hereinkommen machte; kurz darauf erklang die ärgerliche Stimme der Mutter. Vivi konnte nicht verstehen, was gesprochen wurde, aber die Stimmen wurden immer heftiger. Zuerst hatte der Vater gelacht, dann war seine Stimme zusehends tiefer und dröhnender geworden. Schließlich brüllte er, und die Mutter weinte. Kummervoll überlegte Vivi, nach unten zu gehen und sie zu trösten, aber sie traute sich wegen Papa nicht.

Nach einer Weile hörte sie leise Schritte auf der Treppe, dann öffnete sich ihre Tür.

„Mama?“, flüsterte sie ängstlich in die Dunkelheit.

Die Stimme der Mutter klang erstickt. „Du mußt endlich schlafen, Kind. Gute Nacht.“

2.

Mit zehn Jahren kam Vivien Andraschek in die Realschule. Obwohl die meisten ihrer Jahrgangsstufe ebenfalls zur Hauptschule gingen, war die Klassenzusammensetzung anders, und es waren mehr Schüler dazu gekommen. Einige waren neu zugezogen, andere wiederholten die fünfte Klasse.

Vivi hatte anfangs eine ziemliche Scheu vor den „Neuen“, die zum Teil zwei Jahre älter waren als sie und sich bereits ziemlich selbstsicher gaben, und sogar den Lehrern gegenüber nicht auf den Mund gefallen waren. Die Jüngeren fanden das größtenteils toll. Vivi war sich unschlüssig; sie fand es einerseits nicht richtig, sich den Lehrern gegenüber so zu verhalten. Andererseits hatte der eine oder andere Pauker, der die Jüngeren gern drangsalierte, es durchaus mal verdient, Widerspruch zu ernten.

Weil sie sich meistens still im Hintergrund hielt, wurde sie anfänglich von den selbstbewußten Älteren übersehen; doch irgendwann fiel ihnen auf, daß Vivi eher zurückhaltend und vorsichtig war, was von ihnen als Feigheit ausgelegt wurde. Vivi wurde zur „Mimose“ abgestempelt und immer wieder provoziert, um sie aus der Reserve zu locken. Natürlich wußten die anderen inzwischen auch, daß sie aus „Deppenweiler" kam. Aber Vivi konnte das eine Zeitlang verkraften; sie hatte schnell herausgefunden, daß die älteren Mitschüler zwar großmäuliger, aber nicht schlauer waren als sie. Irgendwann jedoch, wenn die Gemeinheiten zu arg wurden, siegte ihre Wut über die Angst, und sie setzte sich sogar körperlich zur Wehr. Sie war nicht besonders groß, aber kräftig. Die Heftigkeit ihrer Gegenwehr überraschte die anderen, und von da an war sie in der Rangordnung ein Stückchen höher gerückt.

Vivi war stolz, ihre Probleme allein bewältigt zu haben. Zu Hause konnte sie nichts darüber erzählen; ihre Eltern interessierten sich nicht dafür. Die Mutter meinte, „so schlimm wird es schon nicht sein", und der Vater ermahnte sie, nicht so zimperlich zu sein und sich nicht zur Heulsuse zu entwickeln.

Also versuchte Vivi, Zuspruch unter den Gleichaltrigen zu bekommen. Sie fand einige Mädchen ganz nett und hätte auch gerne eine Freundin gehabt, aber sie mußte feststellen, daß alle zu einer Clique gehörten, in der eine Zwölfjährige namens Petra den Ton angab. Sie bestimmte, wer zur Clique gehören durfte, und was unternommen wurde. Außerhalb dieses Kreises wurden keine Freundschaften geduldet.

Petra war fast schon 1,70 m groß und ziemlich kräftig. Selbst die Jungs zogen es vor, sich nicht mit ihr anzulegen. Und Petra machte Vivi klar, daß sie sich nicht so einfach aufdrängen konnte: „Entweder bist du mit uns allen befreundet, oder mit keiner. Bei uns gibt's das nicht, einzelne Grüppchen bilden, die sich von der Clique absetzen. Wir gehören alle zusammen, kapiert?"

„Aber ich will ja gern dazu gehören", meinte Vivi, die sich das Dazugehören ganz einfach vorstellte. Sie hatte dasselbe Recht wie jedes andere Mädchen auch, dachte sie.

Petra belehrte sie jedoch eines Besseren. „So einfach geht das nicht, Kleine. Du mußt erst mal beweisen, ob du überhaupt zu uns paßt. Wir wissen ja gar nicht, ob man sich auf dich verlassen kann."

„Natürlich kann man das!", verwahrte sich Vivi empört. „Ich bin keine Petze, wenn du das meinst!"

„Das reicht nicht. Du mußt uns schon beweisen, daß du alles mitmachst und nicht plötzlich kneifst."

„Und wie soll ich das machen?"

„Ach, da finden wir schon was." Petra grinste hämisch. „Ein paar Mutproben, und die Sache ist geritzt."

Das Wort „Mutprobe" gefiel Vivi gar nicht. „Ich muß aber nach der Schule immer gleich nach Hause", sagte sie vorsichtig.

Das forderte natürlich den Spott der Mädchen heraus. „Ach, das Baby hängt noch am Rockzipfel?", riefen sie.

„Nein, ich muß meinem Vater das Essen machen, weil meine Mutter –"

„Dein Vater kann sich sein Essen auch mal selber machen", unterbrach Petra.

Vivi wurde rot. „Aber das ist meine Aufgabe. Er wird sehr böse, wenn ich mich verspäte."

„Und dann? Haut er dir eine runter? Oder verprügelt er dich richtig?"

Vivi schüttelte den Kopf. Sie war noch nie geschlagen worden; was aber nicht bedeutete, daß sie den Zorn des Vaters deswegen weniger fürchtete. Denn eines Tages schlug er vielleicht wirklich einmal zu ...

„Also, dann kann es doch wohl nicht so schlimm sein." Petra zuckte die Achseln. „Mein Vater hat mir das letzte Mal vor einem Jahr eine gelangt. Da habe ich sofort zurückgeschlagen, und seither ist Sendepause. Wir gehen uns aus dem Weg, und jeder hat seine Ruhe."

„Das muß doch schrecklich sein!", entfuhr es Vivi. „Haben deine Eltern dich nicht gern?"

Petra lachte abfällig. „Die Clique ist meine Familie. Die beste, die ich haben kann. Vor allem kann ich sie mir selbst aussuchen."

„Ich glaub', die ist zu behütet für uns", mischte sich ein anderes Mädchen, Andrea, ein. „Die rennt doch bestimmt bei jeder Gelegenheit zu Mama und heult sich aus."

Das hätte Vivi manchmal gern getan. Aber das war nur dann möglich, wenn Mama nicht so müde war, und das kam selten vor. Früher, als Vivi noch kleiner gewesen war, hatte die Mutter ihr den einen oder anderen Rat gegeben. Doch das war vorbei. „Du bist jetzt alt genug, Vivi, um zu lernen, wie es in der Welt zugeht", hatte sie zu ihr gesagt. „Je eher du das verstehst, um so besser wirst du dich zurechtfinden." Und Papa schimpfte immer nur über die unnützen Kinder, die nur Geld kosteten und einem die schönste Zeit des Lebens raubten.

„Das tu ich nicht", widersprach sie. „Aber es gibt Regeln bei uns zu Hause, und die muß ich nun mal befolgen."

„Kommt, seid nicht so hart zu ihr, sie ist doch erst zehn!", vermittelte Sabine, mit der Vivi sich gut verstand und Freundschaft schließen wollte. „Wir haben doch mit zehn auch noch alles gemacht, was die Eltern gesagt haben!" Sie wurde zwar erst in zwei Monaten elf, fühlte sich Vivi aber dennoch überlegen.

„Ich nicht!", behauptete Petra.

Das empfand Vivi nicht unbedingt als Vorteil. Ihre Familie war zwar nicht groß, aber wenigstens hatte sie noch beide Eltern. Viele andere Kinder lebten nur noch bei der Mutter.

„Es geht wirklich nicht", murmelte sie.

„Na ja, wir werden schon einen Weg finden", meinte Petra lässig. „Und du wirst ja wohl nicht jeden Tag gleich nach Hause müssen, oder? Wenn du zu uns gehören willst, mußt du nämlich auch Zeit mit uns verbringen. Sonst bringt das nichts."

„Das will ich ja auch", versicherte Vivi.

Als sie nach Hause kam, erwartete der Vater sie in der Küche. Er hatte bereits zwei Flaschen Bier geleert. Der „Altweibersommer" machte seinem Namen alle Ehre; es war Mitte Oktober, und es herrschten immer noch angenehme Temperaturen.

Dementsprechend schwitzte Herbert Andraschek viel auf dem Bau und war stets wie ausgetrocknet. Den Flüssigkeitsbedarf mußte er mit Bier decken; ein anderes Getränk kam für ihn nicht in Frage.

„Du kommst zu spät!“, warf er der Tochter vor, kaum daß sie zur Tür herein war.

„Ich habe heute doch bis nach ein Uhr Unterricht“, rechtfertigte Vivi sich. Zur Bekräftigung deutete sie auf den Stundenplan, der am Kühlschrank hing.

„Seit wann denn das?“

„Ich bin in der Realschule, Papa, da habe ich mehr Stunden. Ich kann wirklich nichts dafür.“ Vivi machte sich am Herd zu schaffen und deckte eilig den Tisch.

„Können die nicht Rücksicht nehmen auf die Eltern?“, beschwerte ihr Vater sich. „Was glauben die denn, wer ihr Gehalt bezahlt? Ich, mit meinen Steuern! Dann können die sich mit der Stundeneinteilung nach uns richten und die Kinder rechtzeitig nach Hause schicken, damit das Essen auf den Tisch kommt!“

„Ich muß aber zur Schule gehen, ich kann nicht einfach wegbleiben. Und es gefällt mir ganz gut, ich lerne schließlich was. Außerdem bin ich immer die Erste, die sofort nach der Stunde nach Hause geht.“

„Wer hat dich um deine Meinung gefragt?“

„Niemand.“ Vivi verteilte schnell das Essen und setzte sich.

Ihr Vater öffnete das nächste Bier. Seine Augen funkelten unter den dichten Brauen. „Hat das kleine Fräulein irgendwelche Flausen in den Kopf gesetzt bekommen?", fragte er lauernd.

Sie sah ihn verständnislos an. „Was meinst du?"

„Zum Beispiel, daß dein Unterricht oder das Herumhängen mit den anderen wichtiger ist als mein Essen?"

Vivi schüttelte den Kopf. Sie duckte sich ein wenig, als ihr Vater sich am Tisch aufrichtete. Sie fürchtete sich vor ihm, wenn er in dieser Stimmung war, und wünschte sich, daß Mama heimkäme.

„Wenn die Zeit zu knapp wird, kannst du doch ein Brot essen", entschlüpfte es ihr, bevor sie richtig nachgedacht hatte. Petras Bemerkung hatte irgend etwas in ihr ausgelöst. „Oder den Herd ... selber anstellen ..."

Sie wich erschrocken zurück, als ihr Vater mit solcher Wucht aufsprang, daß sein Stuhl krachend zu Boden fiel. Beinahe hätte er noch den Tisch umgeworfen, doch der bestand aus solidem Eichenholz und fing den Stoß ab.

„Was fällt dir ein?", brüllte er. „Du willst mir Vorschriften machen, in meinem eigenen Haus? Du kleine Mistkröte, die ohnehin niemand haben wollte? Glaubst du etwa, ich bringe das Geld nach Hause, und dann mache ich noch Weiberarbeit?"

„Papa!", schrie Vivi. Sie stand zitternd in der Ecke, die Hände furchtsam an den Kopf gepreßt. Sie wollte nichts mehr hören, sie hielt es nicht mehr aus. „So hab' ich's doch nicht gemeint, bitte! Nicht böse sein!"

„Scher dich raus!", donnerte der Vater. „Ehe ich mich vergesse! Du respektloses Gör', warte nur, wenn deine Mutter nach Hause kommt! Auf dein Zimmer, ich will dich nicht mehr sehen!"

Vivi rannte aus der Küche nach oben in ihr Zimmer. Heulend warf sie sich aufs Bett; sie verstand die Welt nicht mehr. Warum konnte ihr Vater nicht verstehen, daß sie nur ein bißchen mit ihren Freundinnen zusammensein wollte? Sie wurde ohnehin genug gehänselt, weil sie immer gleich nach Hause eilte. Sogar die anderen aus Bachweiler, die mit ihr auf die Hauptschule gingen, ließen sich inzwischen mehr Zeit. Sie konnte doch Freunde haben und trotzdem in der Familie helfen! Aber sie konnte eben gar nichts recht machen, sogar Mama fand immer etwas, das Vivi beim Saubermachen übersehen hatte. Während Papa böse auf sie wurde, zeigte sich Mama enttäuscht.

„Ich tue doch alles!", klagte Vivi in Gedanken. „Warum sind sie denn nie zufrieden mit mir? Nie loben sie mich, nicht mal, wenn ich in der Schule gut bin! Das finden sie ganz normal, und wenn ich keine Eins habe, ist es zu wenig! Immer sagen sie, daß ich faul bin, aber das stimmt doch gar nicht ..."

Sie rollte sich auf die Seite und blickte zum Fenster an der angrenzenden Wand.

Ihre Phantasie schlug Kapriolen, so sehr sehnte sie sich nach einem Ausweg, einer Flucht aus all dem. Es wäre vielleicht ganz einfach, vom Fenster aus in den Baum zu klettern, bis ganz nach oben, und dann ... davonzufliegen ...

Irgendwo, dessen war sich Vivi sicher, gab es einen anderen Ort, wo immer die Sonne schien, und die Häuser alle weiß getüncht, hell und freundlich waren, mit einem kleinen Garten drum herum und einem Zaun aus Rosen. Dort lebten die Familien glücklich, die Eltern hatten ihre Kinder gern und nahmen sie oft in den Arm. Sie schenkten ihnen ein Lächeln und trösteten sie, wenn sie traurig waren. Sie erlaubten ihnen, mit ihren Freunden zu spielen, so oft sie wollten; und in den Ferien mußten die Kinder nicht arbeiten, sondern durften tun, was ihnen in den Sinn kam.

Die Mütter waren immer gut gekleidet und schimpften nicht gleich über jeden Dreckfleck; und die Väter trugen Anzug und Krawatte und waren gut gelaunt, wenn sie nach Hause kamen, und redeten nicht immer über die Arbeit, oder die Politik, oder die Steuern – alles Dinge, von denen die Kinder nichts verstanden. Sie lebten als glückliche Familie zusammen, jeder war für den anderen da, und nie gab es Streit oder sogar Schläge.

Vivi seufzte. Was für ein schöner Ort würde das sein, aber vermutlich war er unerreichbar! Aber wenn sie ihn fand und den Eltern zeigte, würden sie sich vielleicht darüber freuen und glücklich werden, und alles würde sich ändern.

Sie mußte ihn suchen, jetzt sofort. Sie fühlte sich ganz leicht, sah sich auf dem Baum, breitete die Arme aus und flog …

Auf ihrem Traumflug folgte Vivi unwillkürlich dem verbotenen Weg, und war plötzlich über der Grenze, und dort –

„Vivi, wach doch auf!“

Das Mädchen fuhr verstört hoch, blinzelte und wußte für einen Moment nicht, wo es war. Es war Vivi so real vorgekommen, sie hatte nicht das Gefühl gehabt zu schlafen. Gerade eben hatte sie in der Ferne den Ort des Glücks entdeckt, und nun – hatte sie alles nur geträumt? War sie wirklich eingeschlafen und nicht in Wirklichkeit geflogen, auf der Suche nach dem wunderschönen Ort?

Doch in ihrem Traum war es hell und sonnig gewesen, dabei dunkelte es draußen bereits! „Mama“, flüsterte Vivi. „Ach, Mama.“ Sie schlang die Arme um den Hals der Mutter und schmiegte sich verzweifelt an sie.

„Ist ja schon gut,“, sagte die Mutter leise. Sie klopfte Vivi beruhigend auf den Rücken und schob sie dann von sich. „Was ist denn nur geschehen?“

„Ach, nichts.“ Vivis Augen füllten sich erneut mit Tränen. „Ich hab nur wieder alles falsch gemacht …“

„So schlimm wird's schon nicht sein. Aber du solltest darauf achten, daß du Papa nicht zu oft böse machst. Die Nachbarn haben mir gesagt, daß sie euch bis auf die Straße schreien hören konnten. Das sollte nicht passieren, verstehst du? Was hier geschieht, geht nur uns etwas an. Ich möchte nicht, daß es Gerede gibt.“

„Ich konnte doch nichts dafür, Mama! Ich habe länger Schule und kann nicht immer um halb eins da sein. Im Winter brauche ich mit dem Rad auch länger. Ich schaffe das einfach nicht!“

„Ich werd' das schon machen. Aber halt deine Zunge mehr im Zaum, ja? Das gehört sich doch nicht für ein Kind, sich schlecht gegen die Eltern zu benehmen."

Sie holte eine Packung Papiertaschentücher aus der Schürze und hielt sie Vivi hin. „Hier, kleine Rotznase."

Vivi schniefte ins Taschentuch. „Ist Papa immer noch böse?", fragte sie vorsichtig.

„Er ist überhaupt nicht da", antwortete die Mutter. „Ist vielleicht besser so."

„Mama, darf ich dich was fragen?"

„Was denn?"

„Wie ist es hinter der Grenze? Ich meine, drüben?"

Die Mutter blickte erstaunt. „Wie kommst du gerade jetzt darauf?"

„Gibt es dort weiße Häuser mit Gärten, und viele glückliche Menschen?", fuhr Vivi fort, ohne die Frage zu beantworten.

„Hast du das in der Schule noch nicht durchgenommen?"

„Nein, nicht so richtig. Ich weiß nur, daß man es ‚DDR' nennt, und daß dort Deutsche leben, aber wir nicht zu ihnen und sie nicht zu uns dürfen. Warum ist das so?"

„Das verstehst du noch nicht, aber mach dir kein falsches Bild. Das Gegenteil von dem, was du dir vorstellst, findest du dort. Die Häuser sind grau, und die Menschen sind nicht frei. Nur in Westberlin ist es anders."

„Wo Onkel Eberhard wohnt?"

„Ja. Aber frag bitte nicht wieder, ob wir ihn besuchen, du

weißt, daß dein Vater das nicht mag. Außerdem, was gefällt dir hier denn nicht? Wir haben ein eigenes Haus, Arbeit und leben in gesunder Luft auf dem Land. Wir sind eine Familie, und du hast immer genug zu essen und zum Anziehen. Dein Vater ist noch keinen Tag arbeitslos oder krank gewesen. Bist du etwa unzufrieden? Dann muß ich dir sagen, Kind, daß dein Vater zu Recht böse auf dich ist."

Vivi schüttelte den Kopf. „Nein, das bin ich nicht", sagte sie schnell. „Ich hatte nur so einen merkwürdigen Traum ..."

Die Mutter stand vom Bett auf. „Dann wach jetzt ganz schnell auf und spute dich in die Küche, dort herrscht noch Unordnung von heute mittag. Ich sehe nicht ein, daß ich deine Arbeit auch noch machen soll. Papa ist ja nicht da, also ab mit dir!"

Vivi verließ das Bett. Als sie die Treppe hinunterging, stellte sie noch eine Frage: „Mama?"

„Ja, was denn?" Carolas Stimme hatte bereits wieder einen ungeduldigen Klang; sie war oben geblieben, um Ordnung zu machen.

„Mama, darf ich einen Hund haben?"

„Wie bitte?" Die Mutter kam zur Treppe und starrte zu Vivi hinunter, als wäre sie verrückt geworden. „Wie kommst du auf diese blödsinnige Idee?"

Davon hatte Vivi nämlich auch geträumt, es war ihr gerade wieder eingefallen. Bei der Traumfamilie hatte es einen Hund gegeben, einen ganz süßen Wuschelhund, der den Kindern gehörte. Sie kümmerten sich um ihn und spielten mit ihm, und er war immer fröhlich und schmiegte sich an sie oder leckte ihre Hände.

Wenn sie einen Hund hätte, wären bestimmt auch die Eltern aufmerksamer. So ein kleines Wesen mußte man einfach liebhaben, und dann würden sie vielleicht auf diese Weise zu einer richtig glücklichen Familie. Vivi hätte so gerne ein Tierchen ganz für sich gehabt, um das sie sich wie eine Mutter kümmern würde, das sie knuddeln konnte, und das ihr auf Schritt und Tritt folgte. Einen „besten Freund“, wie es in der Fernsehwerbung immer hieß.

Ganz plötzlich erschien es Vivi undenkbar, weiterhin ohne Hund auskommen zu müssen. Er war die Lösung ihrer Sehnsüchte, und daher mußte sofort einer her. Ihrem kindlichen Verhalten gemäß wollte sie diese Überlegung nicht erst reifen lassen, sondern sofort eine Entscheidung herbeiführen, als wäre es die letzte Chance.

„Nur einen ganz kleinen, und du hättest gar keine Arbeit damit, weil ich alles mache!“, bettelte sie.

„Und wer kümmert sich um ihn, wenn du in der Schule bist?“

„Das sind doch nur ein paar Stunden, die kann er schon allein bleiben. Ich sperre ihn in meinem Zimmer ein, und dann gehe ich mit ihm spazieren und füttere ihn draußen, und –“

„Vivi, das kommt überhaupt nicht in Frage!“, schmetterte die Mutter sie ab. „Ich glaube, du hast Fieber oder so etwas! Wie kommst du nur auf so einen Blödsinn? Ein Hund, ausgerechnet! Hunde haben Flöhe, sie machen nichts als Dreck, sind unrein und stinken! Nicht in meinem Haus, solange ich lebe!"

„Ach, Mama ..."

„Schluß, das war mein letztes Wort! Und jetzt ab in die Küche!"

Niedergeschlagen ging Vivi weiter nach unten. Wieder einmal waren ihre Gefühle und Sehnsüchte unbedacht aus ihr herausgeplatzt und hatten alles zunichte gemacht. Sie mußte sich eingestehen, daß sie es ziemlich ungeschickt angestellt hatte. Sie hätte die Mutter nicht einfach so überfallen dürfen, sondern Stückchen für Stückchen darauf vorbereiten sollen, bis ihr nichts anderes übrig geblieben wäre, als nachzugeben. Wie konnte sie jetzt noch darauf hoffen, daß ihr Wunsch erfüllt würde?

„Ich kann eben wirklich nichts richtig machen", dachte sie unglücklich.

Wenn sie einen eigenen Hund hätte, würde sie von den anderen Mädchen bestimmt bewundert werden und brauchte vielleicht keine „Mutprobe" zu bestehen. Keine von ihnen hatte nämlich ein Tier.

In den nächsten Tagen dachte Vivi darüber nach, wie sie trotzdem noch an einen Hund kommen konnte. Sie suchte in den Fernsehzeitschriften nach Sendungen über Haustiere oder streute so nebenbei beim Essen Bemerkungen über Hunde ein, die sie in der Schule gehört hatte.

Als sie eines Tages im Tante-Emma-Laden von Hildegard Sommer, der Besitzerin, gefragt wurde, was sie sich denn zu Weihnachten wünsche, ergriff sie die Gelegenheit beim Schopfe: „Einen Hund."

Frau Sommer machte ein erstauntes Gesicht. „Ein ungewöhnlicher Wunsch", meinte sie. „Machen solche Tiere nicht sehr viel Schmutz und Lärm durch ihr Gebell?"

„Wenn man sie richtig erzieht, überhaupt nicht", sagte Vivi eifrig. „Unsere Lehrerin, Frau Hilgers, hat gesagt, daß es wichtig ist, den Umgang mit Tieren zu lernen, dann lernt man auch viel über die Menschen. Daß man nämlich gut aufeinander achtgibt."

„Ach was!"

„Ja, und außerdem haben Hunde eine nützliche Funktion, sie können das Haus bewachen! Selbst so ein kleiner, denn er kann uns wecken, wenn ein Einbrecher kommt, oder wenn etwas passiert ... ein Brand oder so ..."

Darüber konnte man immer wieder in den Zeitschriften lesen, wie Hunde zu Lebensrettern geworden waren. Vivi hatte sämtliche Artikel der letzten Zeit gesammelt und ihrer Mutter beiläufig zum Lesen gegeben.

„Dann hast du dir also richtig Gedanken darüber gemacht, und willst einen Hund nicht einfach so als Spielzeug. Das finde ich lobenswert", bemerkte Frau Sommer. Sie war eine kleine, füllige Frau Ende Sechzig, mit stets ordentlich frisierten grauen Haaren und einem runden, mütterlich wirkenden Gesicht. Die

Kinder mochten sie gern, weil sie sich immer freundlich mit ihnen unterhielt und manchmal ein Stückchen Extrawurst oder einen Kaugummi für sie hatte. „Weißt du, Vivi, mit so einem Tier übernimmt man nämlich auch Verantwortung, du kannst deiner Mutter nicht die zusätzliche Arbeit aufbürden. Trotzdem wäre mir der Schmutz zu viel, und wenn so ein Hund dann immer bellt ..."

„Das tun nicht alle, Frau Sommer, wirklich nicht!", erwiderte Vivi. „Und so ein kleiner Hund kann doch nicht viel Dreck machen ..."

„Und du glaubst, daß deine Eltern dir deinen Wunsch erfüllen werden?", wollte Frau Sommer wissen.

„Nein, bisher leider nicht", antwortete Vivi betrübt. „Dabei strenge ich mich jetzt in der Schule doppelt an und bin ganz gut."

„Du bist ein gutes Mädchen", lobte Frau Sommer.

Vivi hoffte, daß sie durch das Gespräch mit Frau Sommer eine erwachsene Verbündete gewonnen hatte, die auf die Mutter einwirken würde.

Und tatsächlich dauerte es nicht lange, bis Carola Andraschek auf das Thema zu sprechen kam.

„Vivi, mußt du denn überall ausposaunen, daß du einen Hund willst?", sagte sie am Samstag zu Vivi, als sie vom Einkaufen nach Hause kam. „Das gehört sich doch nicht! Frau Sommer sprach mich heute darauf an, und ich war völlig überrascht!"

Vivi, die zuerst ein erwartungsvolles Gesicht gemacht hatte, steckte leicht den Kopf ein. So hatte sie sich das nicht gedacht. „Och, Frau Sommer hat mich nur gefragt, was ich mir zu Weihnachten wünsche ..."

„Du mußt deinen Wunsch aber ziemlich deutlich gemacht haben, denn Frau Sommer meinte, daß du sicher alt genug seist, die Verantwortung für einen Hund zu übernehmen", fuhr die Mutter fort.

In Vivi regte sich sofort wieder Hoffnung. „Aber natürlich", versicherte sie. „Bitte, darf ich mir einen Hund zu Weihnachten wünschen, Mama? Dann brauche ich auch nichts zum Geburtstag ..."

„Du hast erst im Sommer Geburtstag, bis dahin hast du dein Versprechen bestimmt vergessen und wünschst dir womöglich ein Pferd!" Die Miene der Mutter war streng. „Wo soll das nur hinführen, Vivi?"

„Warum darf ich keinen Hund haben?", verlegte das Mädchen sich aufs Quengeln. „Andere Kinder haben doch auch –"

„Andere Kinder interessieren mich nicht", schnitt Carola ihr das Wort ab. „Du bekommst keinen Hund, weil wir es dir nicht erlauben, ist das deutlich genug?"

„Warum nicht?"

„Vivi, mach mich nicht ärgerlich! Wir müssen dir gar nichts erklären, wir erlauben es nicht und basta! Keinen Hund, erst recht keine Katze, keinen Vogel! Hast du das jetzt endlich verstanden? Wenn nicht, dann geh heute abend zu deinem Vater, und dann kannst du was erleben!"

Das wollte Vivi ganz bestimmt nicht. Der Vater hatte irgendwann einmal kurz erklärt, daß er überhaupt nichts von unnützen Schmusetieren hielt, und dann nichts mehr davon wissen wollen. Er sprach in letzter Zeit überhaupt sehr wenig mit ihr, schimpfte sie nur gelegentlich aus, wenn sie später von der Schule kam. Dafür ging er abends oft noch einmal weg und kam erst sehr spät nach Hause, und dann gab es meistens Krach zwischen den Eltern. Vivi konnte sie bis in ihr Zimmer hinauf streiten hören und wurde regelmäßig davon geweckt.

„Vielleicht ...", sagte sie zaghaft, „vielleicht, wenn wir einen Hund hätten, dann hättet ihr euch wieder lieb, Papa und du?"

Carola schwieg einen Moment und starrte ihre Tochter fassungslos an. „Wie kommst du denn darauf?", fragte sie schließlich.

„Weil ihr soviel streitet in letzter Zeit ... und beim Essen redet ihr nur ganz wenig ... und dann geht Papa einfach weg", flüsterte Vivi.

„Das verstehst du vollkommen falsch, Vivi. Ich habe so den Eindruck, als ob du nur verzweifelt nach irgendwelchen Gründen suchst, um mich doch noch zu überreden! Sag mal, hast du mit Frau Sommer etwa auch über uns geredet?"

„Nein!", erwiderte Vivi erschrocken. „Natürlich nicht!"

„Wollen wir's hoffen. Aber laß dir gesagt sein", Carola hob den Zeigefinger, „das Thema Hund ist ein für alle Mal gestorben, verstanden? Ich will nichts mehr davon hören. Wir haben nein gesagt, und dabei bleibt es."

Vivi erkannte an dem endgültigen Ton, daß sie verloren hatte. Sie bekam keinen Hund, weder zu Weihnachten, noch zum Geburtstag, noch irgendwann. Ihre Augen verschwammen, und sie lief stumm auf ihr Zimmer.

Wie so oft in letzter Zeit kam Herbert Andraschek kurz nach Mitternacht nach Hause und wurde von seiner Frau im Wohnzimmer erwartet.

Der Fernseher lief, mit sehr leisem Ton. Carola lag davor auf dem alten Sofa, die Füße in dicken Wollsocken, den übrigen Körper in eine schäbige Decke eingehüllt. Inzwischen war es November und entsprechend kalt; dennoch wollte Carola Andraschek die Heizung nicht höherdrehen, weil das zu teuer war.

Herbert hatte leichte Schlagseite. Er stellte sich provokativ mitten in den Raum, die Arme in die Seiten gestemmt, und sah auf seine Frau hinunter. „Na, was is'?", fragte er. „Wann geht's los?"

Carola richtete sich langsam auf. Ihr Gesicht war bleich und müde, die Wangen eingefallen. „Ich weiß ja, wo du warst", meinte sie um Fassung bemüht und nahm ihm damit den Wind aus den Segeln. „Was soll ich mich aufregen? Das ganze Dorf weiß es doch, und ich erfahre es als Letzte beim Klatsch im Laden. Ich stand nur einen Gang weiter und hörte zufällig das Gespräch von zwei Frauen."

„Wer war das? Und was haben sie geredet?"

„Es ist doch uninteressant, wer es war. Und sie haben mir nur das bestätigt, was Gerta mir schon vor Wochen am Telefon gesagt hat."

„Ach ja? Und was soll das sein?" Herberts Tonfall klang abfällig. Er wirkte kein bißchen beunruhigt oder verlegen.

Carolas Augen füllten sich mit Tränen. „Daß ihr euch herumtreibt, du und ihr Mann, mit anderen Weibern, und euren Lohn durchbringt!"

„Das sagt Gerta? Na warte, der Lusche werd' ich –"

„Gar nichts wirst du, weil es stimmt! Weil alle anderen ebenso darüber Bescheid wissen!"

„Dann hat Gerta eben überall Scheiße herumgetratscht!"

„Willst du damit also sagen, daß das nicht stimmt?"

„Aber genau!"

„Und wo kommst du dann jetzt her? Und du bist besoffen!"

Herbert Andraschek ließ sich in seinen Fernsehsessel fallen. „Ich war mit meinen Kumpels auf ein Bier weg, was dagegen?", antwortete er nicht laut, aber im aggressiven Tonfall. „Ich hab eine staubige Kehle, und außerdem kann ich mich mit denen richtig unterhalten, was mit dir ja nie möglich ist, weil du entweder nicht zuhörst oder zu müde bist! Und überhaupt – ich bin ein Mann!"

Carolas Mundwinkel zogen sich nach unten. „Ach, und das rechtfertigt alles?"

„Ich bin der Hausvorstand, und ich bringe das schwer verdiente Geld heim, das du mit vollen Händen wieder ausgibst, blöde Kuh!", schnauzte er sie an. „Auch ich habe ein Recht zu ein bißchen Vergnügen!"

„Und ich?", fragte Carola anklagend.

„Du?", fragte er erstaunt. „Was soll mit dir sein? Du hast doch eh nichts zu tun, mit deinen paar Stunden Aushilfe und dem bißchen Haushalt!"

Das traf sie tief. Sie zeigte ihm ihre abgearbeiteten Hände. „Ich arbeite genauso hart wie du!", widersprach sie heftig. „Und hier im Haushalt werde ich nie fertig, weil du immer alles herumliegen läßt!"

„Mich geht das nichts an, das weißt du genau!" Herbert stieß einen abfälligen Laut aus. „Du hast jedenfalls genug Zeit, tagsüber herumzuhängen und dir Weibertratsch anzuhören, den du mir dann abends um die Ohren haust! Glaubst du, da hält es ein Mann lange aus? Ständig dieses Gekeife und Genörgle, da wird man doch blöd im Kopf! Für was schufte ich eigentlich, wenn ich nicht mal ein bißchen Dankbarkeit dafür bekomme? Was verlange ich denn schon? Ein gemütliches Heim, mein Essen und ein Bier!"

„Vor dem Fernseher! Du kommst heim, schlägst dir den Bauch voll, legst dann die Füße hoch und bist den Rest des abends nicht ansprechbar, weil du dich nur für deinen blöden Sport interessierst!", warf Carola ihm vor. „Und wenn du tatsächlich mal was anderes tun willst, haust du einfach ab! Das ist doch keine Ehe, Herbert!"

„Herrgott nochmal, Carola, du weißt genau, daß wir heiraten

mußten, weil dieser Balg da oben unterwegs war!", schnappte Herbert böse zurück. „Die große Liebe war es doch nie, sei ehrlich! Seitdem bist du sowieso wie ausgewechselt. Denkst du, ich habe Lust, wie ein Mönch zu leben, nur weil du ständig Kopfschmerzen hast, müde bist oder einfach lustlos?"

„Es gehört doch mehr zu einer Ehe als das", murmelte Carola.

„Das ist armselig, Carola, und zeigt doch nur, daß ihr Frauen nicht fähig seid, sich um eure Männer zu kümmern, wie es sich gehört. Herbert gähnte unverhohlen und machte Anstalten, aufzustehen.

Carola war jedoch noch nicht fertig. „Aber ich kann mich doch im Ort nicht mehr sehenlassen! Diese Schande, von anderen erfahren zu müssen, wo du dich herumtreibst! Und was wird erst, wenn Vivi auch noch damit anfängt und anderen erzählt, was hier los ist?"

Herbert horchte auf. „Was hat die kleine Kröte denn damit zu tun?"

„Sie hört uns oft streiten. Sie hat mich heute gefragt, ob wir uns nicht mehr mögen. Vielleicht hat sie Angst, daß wir uns scheiden lassen. Jedenfalls halte ich es nicht für ausgeschlossen, daß sie mit anderen darüber spricht."

„Das soll sie wagen!", tobte Herbert Andraschek los.

„Pssst!", zischte Carola. „Willst du sie jetzt wieder wecken?"

„Ach, deswegen hast du mich heute nicht gleich angeschrien, als ich heimkam?"

„Ich will nicht, daß es noch mehr Gerede gibt, Herbert, was sollen die Leute nur denken!“

„Und wie willst du verhindern, daß die Kleine überall herumrennt und Lügen verbreitet?“

„Ich glaube, Vivi fühlt sich allein, weil du so oft nicht da bist, und ich habe häufig sehr viel zu tun“, sagte Carola. „Es ist mir auch nicht recht, wenn sie sich mit den anderen aus Barneberg herumtreibt, da kommt sie nur in schlechte Gesellschaft. Aber das Mädchen kann doch nicht ganz allein aufwachsen.“

„Es gibt jede Menge Kinder hier in Bachweiler, damit ist sie wohl kaum allein!“, meinte Herbert.

„Ich habe daran gedacht, daß Vivi so etwas wie einen kleinen Freund braucht, dem sie alles anvertrauen, der aber nichts ausplaudern kann.“

„Wer oder was soll das sein?“

„Vivi wünscht sich einen Hund, wie du weißt, aber den werde ich ihr nie und nimmer erlauben.“

Herbert grinste. „Da sind wir wenigstens mal einer Meinung. Wenn die Kleine je eine Töle anschleppt, darf sie dabei zusehen, wie ich dem Vieh den Hals umdrehe.“

„Es würde doch genügen, ihr ein kleines Tier zu schenken, das nicht frei herumläuft und keinen Dreck macht“, fuhr Carola fort. „Seit Wochen liegt sie mir in den Ohren, und mir reicht es langsam.“

„Und was soll das für ein Tier sein?“

„In Helmstedt gibt's eine Zoohandlung. Die können mir sicher einen Rat geben. Das wird auch bestimmt nicht teuer. Was hältst du davon?“

Herbert Andraschek zuckte die Achseln. „Wenn das Gör dann endlich Ruhe gibt, meinetwegen. Aber daß mir das Vieh ja nicht über den Weg läuft!“

„Ich werde schon was finden.“

So bekam Vivi zu Weihnachten einen Goldhamster geschenkt.

3.

Über Wochen hinaus war Vivi das glücklichste Kind der Welt. Auch, wenn es nicht der ersehnte Hund war – der Goldhamster war ein warmes, lebendiges kleines Wesen, das ihre Fürsorge brauchte. Und die schenkte Vivi dem kleinen Tier im Überfluß. Der Käfig stand neben ihrem Bett, in einer geräumigen Plastikschale, damit von der Einstreu nichts auf den Teppich fiel.

Anfangs war der kleine Kerl, den sie wegen seines hübschen Fells „Goldie" genannt hatte, noch recht bissig gewesen. Vivi hatte eine Menge Geduld gebraucht, bis der Hamster sich endlich an sie gewöhnt hatte und sich gefahrlos in die Hand nehmen ließ. Zudem konnte sie mit ihm nur am Morgen oder am Abend spielen, denn tagsüber versteckte er sich in seinem riesigen, selbstgebauten Nesthaufen und schlief. Aber all das machte dem Mädchen nichts aus. Das Wichtigste war, daß es überhaupt ein eigenes Tier besaß.

Die Mutter hatte von der Zoohandlung einen kleinen Hamster-Ratgeber aufgedrängt bekommen, damit Vivi keinen Fehler mit der Fütterung oder der Einstreu machte. Daher wußte sie auch, daß Hamster normalerweise nachtaktiv waren, aber sich nach einiger Zeit auch tagsüber aus ihrem Bau heraustrauten.

Und Goldie wurde mit der Zeit ziemlich munter. Er krabbelte überall auf Vivi herum, knabberte mit seinen scharfen Zähnchen an ihren Ohrläppchen oder kuschelte sich in ihre Halsbeuge, um dort zu schlafen.

Vivi achtete darauf, mit dem Hamster nur dann im Haus herumzulaufen, wenn die Eltern nicht da waren. Ihre Mutter hatte es zur Bedingung gemacht, daß sie das Tierchen nur behalten durfte, wenn es nirgends herumkrabbelte und irgendwelchen Schaden oder Dreck verursachen konnte. Sie hatte den Hamster noch nie berührt, sondern ihn in der Zoohandlung gleich in den Käfig setzen und mit ausreichend Futter versorgen lassen. Sie ekelte sich vor dem kleinen Kerl, der ihrer Ansicht nach nicht viel anders als eine Maus aussah. Trotzdem hatte sie sich dazu überwunden, denn Vivis stilles und trauriges Gesicht war einfach nicht mehr länger zu ertragen gewesen. Und außerdem machte das Kind wieder einen ausgeglichenen Eindruck, und so glaubten die Leute, daß in der Familie alles in Ordnung war.

Herbert Andraschek hatte momentan wenig zu tun und bezog Schlechtwettergeld; das nutzte er aus, um fast den ganzen Tag im Unterhemd, einer ausgeleierten Jogginghose und Hausschlappen in seinem Sessel vor dem Fernseher herumzuhängen, ein Bier nach dem anderen in sich hineinzuschütten und irgendwann selig zu schnarchen. Erst am späteren Nachmittag zog er sich an, um sich mit seinen Kumpels in der Wirtschaft bei der Kirche zu treffen.

Damit das Geld trotztdem reichte, hatte Vivis Mutter noch eine zweite Putzstelle angenommen und kam erst gegen 19 Uhr nach Hause. So hatte Vivi mindestens eine, manchmal auch zwei Stunden das Haus für sich und genügend Platz, um mit dem Hamster immer neue Versteck- und Krabbelspiele zu veranstalten.

Außerdem hatte Goldie ihr in Petras Clique einen Vorteil gebracht. Sabine, die wegen der Allergie ihrer Mutter kein Haustier haben durfte, beneidete Vivi um ihren neuen Freund und besuchte sie hin und wieder. Petra duldete es, denn sie durfte auch kein Tier zu Hause halten – sie hatte einmal eine Katze mitgebracht, die vom Vater sofort ersäuft worden war. Dementsprechend zeigte sie sich anerkennend, daß „so ein kleines Mädchen“ sich gegen die Eltern hatte durchsetzen können. Damit hatte Vivi auch endlich Freundinnen.

Ende Februar zeigte sich die Sonne häufig, und die Temperaturen wurden allmählich angenehmer. Für den Vater gab es wieder Arbeit, und Vivi hatte noch mehr Zeit für sich.

Eines Nachmittags ging sie mit dem Hamster auf den Hof, um ihm die Welt draußen zu zeigen. Völlig versunken spielte sie mit dem kleinen Tier. Als sie auf die Uhr schaute, stellte sie erschrocken fest, wieviel Zeit schon vergangen war. Jeden Moment konnte die Mutter nach Hause kommen, also mußte sie zusehen, daß sie den Hamster zurück in den Käfig brachte. Sie ging ins Haus und versuchte gleichzeitig, Goldie von der Schulter zu nehmen, um ihn in sicherer Verwahrung der Hände nach oben zu bringen.

In diesem Moment rutschte der Hamster ab, glitt durch ihre Hand und plumpste zu Boden.

Vivi blieb für einen Moment vor Schreck die Luft weg. „Goldie!“, flüsterte sie heiser. Sie bückte sich, um nachzusehen, ob das Tierchen noch lebte. Es lag regungslos an der Stelle, wo es aufgeschlagen war – bis zu dem Moment, als Vivi nach ihm griff. Quicklebendig und offenbar ohne Verletzung, schlüpfte es durch die Finger des Mädchens und trippelte zielstrebig auf den großen Holzschrank im Flur zu, der die Schuhe und Mäntel verwahrte. Vivi versuchte ein zweites Mal, Goldie zu fangen, doch entwischte er ihr erneut und verschwand in dem winzigen Spalt zwischen Fuß- und Schrankboden.

Vivi wurde blaß. Sie kniete vor dem Schrank nieder und versuchte, einen Blick in den Spalt zu werfen, doch der war ziemlich schmal und außerdem zu dunkel.

„Goldie!“, rief sie. „Goldie, komm zurück! Bitte, komm doch wieder hervor!“

Alles Rufen und Locken half nichts. Der Hamster blieb verschwunden.

Fieberhaft überlegte Vivi, wie sie Goldie noch rechtzeitig vor der Rückkehr der Mutter in Sicherheit bringen konnte. Nicht auszudenken, wenn sie erfuhr, daß ihr Spielkamerad ausgerissen war! Vivi hatte es ihr hoch und heilig versprechen müssen, daß sie mit dem Hamster niemals die vier Wände ihres Zimmers verließ – und nun …

Sie rannte nach oben und holte einige Leckerlis, auf die ihr kleiner Liebling besonders scharf war. Aus der Küche besorgte sie dazu ein kleines Stück Möhre, ein Stückchen Wurst und ein Salatblatt. Irgend etwas davon mußte doch unwiderstehlich auf ihren ewig hungrigen Hamster wirken! Es war stets so putzig mitanzusehen, wie er sich die Backentaschen vollstopfte und dann in seinem Nest verschwand.

„Goldie!“, lockte sie den Hamster. „Schau, was ich hier habe … lauter feine Sachen, die du so magst …“

Aber der kleine Kerl drehte ihr eine Nase. Er blieb unter dem Schrank verschwunden.

Vielleicht hatte er sich aber inzwischen schon aus dem Staub gemacht, während sie nach Futter gesucht hatte? Vivi rannte im ganzen Haus umher, rief pausenlos nach ihrem Liebling und kauerte sich zuletzt mit einer Taschenlampe bewaffnet wieder vor den Schrank. Sie legte das Gesicht seitlich so flach wie möglich auf den Boden und leuchtete unter den Schrank. Für einen Moment glaubte sie, kurz etwas Goldgelbes leuchten gesehen zu haben.

„Goldie!“, flehte sie verzweifelt. „Bitte, komm heraus, was willst du denn da drunten? Da gibt es doch nichts zu futtern. Komm doch raus, ich bring dich in dein Nestchen … bitte, bitte … Mama kommt gleich …“

Beim Blick auf die Uhr sah sie, daß es schon fast zu spät war. Ihre Panik wurde immer größer, sie wußte nicht mehr ein noch aus. In letzter Not rief sie bei Sabine an. Deren Mutter zeigte sich nicht erfreut über die Störung; aber Vivis hysterischer Tonfall veranlaßte sie, Sabine ans Telefon zu holen.

„Was ist denn, Vivi, wir essen gerade", meldete sich Sabine.

„Sabine, ich weiß nicht mehr, was ich tun soll", fing Vivi weinerlich an. „Goldie ist unter den Schrank gekrochen, und ich bringe ihn nicht mehr raus! Und Mama kommt gleich heim!"

„Ach du Schande", kommentierte Sabine die Katastrophe. „Aber ich kann hier nicht weg, es ist schon dunkel draußen."

„Kannst du mir wenigstens sagen, was ich machen soll?", flehte Vivi. „Mama bringt mich um, wenn sie das erfährt! Am liebsten würde ich weglaufen!"

„Du spinnst doch, Vivi. Wegen so was geht doch die Welt nicht unter. Wenn er Hunger hat, wird er schon rauskommen. Es ist außerdem viel zu kalt, um wegzulaufen."

„Sabine!"

„Ach, ich weiß auch nicht, Vivi, ich hab doch noch nie ein Tier gehabt. Hast du versucht, ihn mit Futter herauszulocken?"

„Ja, aber das hat nicht geklappt."

„Dann fällt mir auch nichts ein." Im Hintergrund erklang Stimmengemurmel, und Sabine fügte hastig hinzu: „Ich muß jetzt wirklich Schluß machen, Vivi. Erzähl mir in der Schule, wie es ausgegangen ist!" Dann legte sie auf.

Vivi verließ der Mut. Sabine war älter als sie, weshalb hatte sie keinen Rat gewußt? Was sollte sie jetzt nur machen?

Sie lief zum Schrank zurück und leuchtete erneut darunter. Sie war sicher, ganz hinten das Fell des Hamsters zu sehen. Offensichtlich hielt er gerade ein Nickerchen, bevor er sich zur Nachtwanderung aufmachte.

Vivi griff nach dem schmalen Schuhlöffel, der an der Garderobe hing, und stocherte unter dem Schrank herum. Als sie an die bewußte Stelle kam, traf sie wie erwartet auf Widerstand. Es war der Hamster, denn sie spürte eine Bewegung. Sie ließ die Taschenlampe fallen und versuchte, das Tier mit dem Schuhlöffel zu sich hinzutreiben. Auch wenn das Goldie wütend machen würde und er sich dafür mit einem Biß in den Finger rächte – wenn sie ihn nur erst wiederhatte!

Doch Goldie dachte gar nicht daran, sich jagen zu lassen. Er entfernte sich aus der Reichweite des Schuhlöffels und entschwand noch tiefer in der Dunkelheit unter dem Schrank.

In diesem Moment kam die Mutter nach Hause.

Vivi fuhr erschrocken zusammen, als sie plötzlich eine Stimme über sich hörte: „Vivi, was machst du denn da?"

Sie ließ den Schuhlöffel fallen und setzte sich auf. Entsetzt sah sie, daß sie vergessen hatte, die Lockmittel zu verstecken; momentan verdeckte sie sie notdürftig mit einem Knie.

„Ich … äh … ich hab eine Murmel verloren, und sie ist mir unter den Schrank gerollt …", stotterte sie mit glühendem Gesicht. Das war das Einzige, was ihr auf die Schnelle einfiel. Sie hatte nicht den Mut zur Wahrheit.

„Eine Murmel? Bist du dafür nicht schon zu alt?"

„Aber es ist eine wertvolle Murmel, ich kann sie eintauschen, deswegen habe ich sie aus meiner Kiste geholt ..."

„Und jetzt ist sie unter dem Schrank. Pech, Vivi. Ich werde morgen versuchen, sie herauszuholen, heute habe ich keine Zeit mehr dazu. Komm, hilf mir beim Abendessen."

„Ja, Mama." Vivi war verzweifelt. Normalerweise müßte sie hierbleiben und darauf warten, bis Goldie sich dazu bequemte, herauszukommen. Aber dann hätte Mama die Wahrheit erfahren und ihr bestimmt schlimme Vorwürfe gemacht, weil Vivi ihr Versprechen nicht gehalten hatte. Und sie hatte gedroht, den Hamster sofort wegzugeben, wenn Vivi die Übereinkunft nicht einhielt. Das Mädchen wußte, daß die Mutter ihre Drohungen immer ernst meinte.

Sie hatte keine Wahl, sie mußte in die Küche. Goldie konnte momentan ohnehin nicht unter dem Schrank hervorgeholt werden. Sie sammelte die Leckerlis ein und stopfte sie in die Jeanstasche, bevor sie zur Mutter ging.

Während der Zubereitung des Essens war Vivi äußerst nervös, was schließlich der Mutter auffiel.

„Jetzt mach dir doch nicht so viele Gedanken wegen der lächerlichen Murmel", meinte sie. „Die kriegst du schon wieder, aber eben nicht sofort. Das wirst du doch abwarten können!"

„Ja … schon … aber ich hab's halt versprochen …"

„Reiß dich am Riemen, Vivi, laß dich von den anderen nicht verrückt machen!"

„Ich komme gleich wieder, Mama", sagte das Mädchen plötzlich und hastete aus der Küche.

„Was ist denn jetzt wieder?" rief die Mutter ihr nach. „Glaubst du, daß die Murmel inzwischen von selbst wieder hervorgekommen ist?"

„Nein, mir ist nur was für die Schule eingefallen, das hole ich schnell, bevor ich es wieder vergesse!" Vivi kniete vor dem Schrank nieder, holte die Taschenlampe und leuchtete darunter.

Kein Goldie zu sehen.

Vivi rutschte das Herz in die Hose. War er inzwischen hervorgekommen und inspizierte jetzt das Haus? Leise seinen Namen rufend, rutschte sie auf dem Boden herum und hoffte sehnlichst, den Hamster zu sehen – und zu erwischen, bevor er das nächste Versteck gefunden hatte.

„Vivi, was machst du denn nur?", rief die Mutter ungeduldig aus der Küche. „Ich brauche dich hier!"

„Ich komme sofort, Mama!", gab sie zurück und hoffte, daß kein verräterischer Ton in ihrer Stimme lag. Ihre Augen suchten den Boden ab, jede Ritze, jeden Winkel. Aber von Goldie keine Spur. Wahrscheinlich amüsierte sich der Hamster königlich. „Ich bring' ihn um!", dachte sie wütend, erschrak aber gleich über sich selbst. „So hab' ich's nicht gemeint, Goldie", setzte sie in Gedanken fort, „natürlich hab' ich dich noch lieb.

Bitte, komm doch zu mir zurück. Ich laß' dich auch bestimmt wieder raus, ich versprech's dir. Du darfst alles erkunden, aber bitte komm jetzt wieder her!"

Aber auch das gedankliche Flehen half nicht. Der Spielkamerad blieb verschwunden. Vivi blieb nichts anderes übrig, als zurück in die Küche zu gehen und so zu tun, als sei alles in bester Ordnung.

Immer wieder gelang es dem Mädchen, heimlich nach dem Hamster Ausschau zu halten, auch nachdem der Vater heimgekommen war. Doch noch immer gab es keine Spur des Ausreißers. Vivi gelang es nur mit Mühe, ruhig am Tisch zu sitzen und das Essen hinunterzuwürgen. Sie hatte nicht den geringsten Appetit und dachte pausenlos an Goldie. Das führte sogar soweit, daß sie Fragen falsch oder gar nicht beantwortete, was ihren Vater wiederum ärgerte. Er setzte gerade zu einem Tadel an, als er plötzlich stutzte und die dichten Brauen hob. Darunter weiteten sich seine Augen.

„Was ist denn das?", fragte er und deutete mit der Gabel auf den Kücheneingang.

Vivi fiel fast in Ohnmacht. Frech und ohne Scheu spazierte Goldie gerade herein und inspizierte die Schränke.

Die Mutter sah nur kurz hin und kreischte auf: „Eine Maus!"

„Goldie!", entfuhr es Vivi. Sie wollte aufspringen, doch ihr Vater hielt sie fest.

„Was soll das heißen?", fragte Herbert Andraschek. Seine

Stimme hatte einen drohenden Tonfall angenommen. „Ich denke, dein Hamster ist oben in seinem Käfig?"

„Er muß irgendwie rausgekommen sein!", antwortete Vivi, der nichts Besseres einfiel, und die auch jetzt nicht den Mut zur Wahrheit hatte. „Bitte, ich muß ihn schnell nehmen, bevor er wieder wegläuft!"

„Wieder? Das heißt, er ist öfter unterwegs?"

Vivi biß sich auf die Lippen; sie hatte sich verplappert. „Papa, ich erklär dir alles, aber jetzt muß ich –"

„Jetzt laß sie doch endlich los!", schrie Carola Andraschek entnervt. „Das Biest verschwindet sofort aus meiner Küche!"

In diesem Moment hatte Goldie eine Lücke zwischen den Schränken entdeckt und verschwand.

Vivis Mutter geriet an den Rand eines hysterischen Anfalls. „Herbert! Tu irgendwas! Dieses Drecksvieh wird mir die Lebensmittel und die Kabel anfressen, und wir bekommen einen Hausbrand! Und überall wird es mir hinscheißen! Verflucht, Vivi, was hab ich dir gesagt?", schrie sie außer sich.

Vivi begann zu heulen. „Ich kann doch nichts dafür!"

Herbert Andraschek lachte jedoch, ihn amüsierte die Angelegenheit plötzlich. „Reg dich nicht auf, Carola, den erwisch' ich schon."

„Aber sofort! Mein Gott, und dann darf ich wieder alles putzen ... allein schon die Fellhaare, die übersät sind von Krankheitsüberträgern ..." Vivis Mutter schüttelte sich vor Ekel. Sie hockte mit angezogenen Beinen auf dem Küchenstuhl, nicht in der Lage, sich zu bewegen. „Herbert, wenn du das Mistvieh nicht in den nächsten fünf Minuten erwischst, weiß ich nicht, was ich tue!“

„Papa, tu ihm nichts!“, rief Vivi. „Goldie ist doch so lieb! Er stellt bestimmt nichts an! Bitte, laß es mich zuerst versuchen!“

Aber der Vater wiegelte ab. „Du hast deine Chance gehabt, kleines Fräulein. Jetzt bin ich an der Reihe. Du weißt genau, was deine Mutter zu dir gesagt hat: Wenn du dein Versprechen brichst, kommt das Tier weg. Und dafür werde ich sorgen!“

Er stand auf, ging zur Küchenzeile und überlegte, wie er am besten hinter die Schränke kommen konnte. Vivi kniete auf dem Boden und rief nach ihrem kleinen Liebling; die Tränen rollten unaufhörlich über ihre Wangen.

Goldies einzige Chance war, sich lange genug hinter den Schränken verborgen zu halten, bis die Jagd abgeblasen wurde. Dann konnte er sich ein neues Versteck suchen – oder sogar von Vivi gefunden werden.

Aber Goldie war ein Hamster und begriff dementsprechend nicht, wie nahe sein Verhängnis war. Es war Abend und damit die richtige Zeit für ihn, auf Futtersuche zu gehen und dabei das Revier zu erkunden.

Am anderen Ende der Küchenzeile kam Goldie daher bald wieder zum Vorschein und trippelte mit flinken Füßchen über den Küchenboden.

Carola entdeckte ihn zuerst. Ihr schriller Aufschrei alarmierte sofort die anderen. Herbert hatte den Ausreißer schneller entdeckt als Vivi, lachte siegessicher, griff nach dem Messer neben seinem Teller und warf es mit Schwung nach dem Tier. Jetzt schrie Vivi auf.

Zum Glück traf das Wurfgeschoß nicht, sondern sauste knapp über das Tier hinweg, krachte gegen den Schrank und fiel von dort klirrend zu Boden.

Mehr zur Warnung brauchte Goldie nicht. Er hatte begriffen, daß es ihm jetzt ernsthaft ans Fell ging. Er sprintete los und rannte im Zickzack aus der Küche Richtung Wohnzimmer. Vivi, die hinter ihm herstürzte, spürte ihn schon zwischen den Fingern, konnte ihn aber nicht halten. Wie ein Aal entwand er sich ihrem Zugriff und wieselte weiter um sein Leben.

Herbert Andraschek johlte fröhlich, als Vivi fassungslos auf ihre leere Hand starrte; ihm schien das Ganze einen Heidenspaß zu bereiten. „Na, dann – auf zur Jagd!“ Er setzte dem flüchtenden Tier nach und hatte den Vorteil, daß er jeden Winkel im Haus kannte. Er machte sich ein Vergnügen daraus, das kleine Tier hin- und herzujagen, völlig unbeeindruckt vom verzweifelten Flehen seiner Tochter, ihrem geliebten Gefährten nichts anzutun. Sie hängte sich mit all ihrer Kraft an seinen Arm, konnte den Vater aber nicht von seiner grausamen Jagd abhalten.

Aus der Küche schrie Carola: „Herbert, mach endlich ein Ende!“

„Bin schon dabei!“, gab er zurück. Bevor er Goldie nachgesetzt war, hatte er das Messer wieder an sich genommen. Jetzt hob er es auf, zielte sorgfältig – und warf.

Goldie, der gerade Richtung Wohnzimmerschrank hetzte, hatte keine Chance. Der schwere Griff traf ihn mit voller Wucht. Er gab ein kurzes Quieken von sich, überschlug sich mehrmals und blieb dann regungslos liegen.

Vivi begann zu schreien. Sie hörte auch nicht auf, als die Mutter versuchte, sie zu beruhigen. Mit aufgerissenen Augen beobachtete sie, wie ihr Vater den Hamster aufhob und zufrieden feststellte, daß er tot war. „Treffer – versenkt, mit nur einem Wurf."

„Merk dir das gut, Vivi", sagte er, zu seiner Tochter gewandt. „Das passiert, wenn man sein Versprechen nicht hält. Das hast du ganz allein dir selbst zuzuschreiben."

Vivi hörte, was er sagte, doch verstand sie es in diesem Moment nicht – erst viel später. Jetzt schrie sie nur unaufhörlich, hoch und gellend. Als sie durch nichts zu beruhigen war, mußte Herbert Andraschek notgedrungen zum Telefon greifen und den ärztlichen Notdienst anrufen.

Der Arzt kam bald; er wirkte ziemlich schlecht gelaunt, weil er von einer Veranstaltung weggeholt worden war. Er interessierte sich nicht für die Vorgeschichte, sondern gab Vivi eine Spritze und ordnete an, sie ins Bett zu bringen.

„Sie wird die ganze Nacht schlafen, und morgen ist alles vorüber", sagte er. Dann war er schon wieder aus der Tür.

Carola Andraschek blieb noch einige Zeit bei ihrer Tochter am Bett sitzen. Sie schlief ruhig und anscheinend traumlos.

„Ich wußte ja, daß das nicht gutgeht“, bemerkte Herbert von der Tür her. „Ich hab das Vieh gleich entsorgt, und den Käfig mit dazu. Und dann will ich nichts mehr über weitere Haustiere hören, verstanden? Und jetzt komm zu Bett.“

Carola gehorchte schweigend. Sie war froh, daß Vivi schlief.

Als Vivi am nächsten Morgen erwachte, waren der Käfig und alle anderen Erinnerungsstücke an Goldie verschwunden. Sie fragte nie mehr danach und bat auch nie mehr um ein weiteres Haustier.

Sehr lange war sie still und verschlossen. Weder in der Schule noch anderswo sprach sie noch einmal von Goldie. Als Sabine sie nach dem Ausgang des Abenteuers fragen wollte, erhielt sie nur die kurze abweisende Auskunft, daß der Hamster tot sei.

Die Eltern erwähnten Goldie auch nicht mehr; es war, als hätte er nie existiert. Sie reagierten auch nicht auf Vivis verändertes, zurückgezogenes Verhalten. Ihrer Ansicht nach hatte sie zu lernen, daß man ein Versprechen nicht leichtfertig brechen durfte und mit den Konsequenzen allein fertig werden mußte.

In Vivi war jedoch etwas zerbrochen, das nie mehr repariert werden konnte.

4.

Bisher hatte Vivi sich erfolgreich vor einer „Mutprobe“ drükken können, doch Petra hatte keineswegs vergessen, daß Vivi sich sozusagen mit Hilfe ihres Hamsters in die Clique „eingeschlichen“ hatte.

„Du kannst nur in der Clique bleiben, wenn du eine von uns wirst, mit allen Konsequenzen“, sagte sie eines Montags zu Vivi. „Außerdem wirst du bald elf und bist damit alt genug. Also entscheide dich: Entweder bestehst du unsere Tests, oder du bist draußen.“

„Aber warum kann ich denn nicht einfach so mit euch befreundet sein?“, wollte Vivi wissen.

„Menschenskind, bist du schwer von Begriff! Bei uns ist eine für die andere da, und jede muß der anderen blind vertrauen können!“, rief Petra. „Hast du immer noch nicht kapiert, wie’s hier zugeht? Das klappt nur, wenn wir wie eine Familie zusammenhalten, ohne Wenn und Aber! Und solange du keinen Test gemacht hast, wissen wir nicht, wie du zu uns stehst!“

Vivi sah ein, daß sie nicht mehr länger ausweichen konnte. „Also gut. Was soll ich tun?“

Petra hatte die Antwort gleich parat; anscheinend hatte sie sich vorher genau überlegt, was sie Vivi auftragen wollte. „Als erstes gehst du mit uns einkaufen, damit du lernst, wie's richtig geht und du nicht erwischt wirst."

„Das bedeutet", fügte Andrea hinzu, die Vivi immer noch nicht sonderlich wohlgesonnen war, „daß du nicht sofort nach der letzten Stunde wie eine Blöde heim zu Papa radelst, sondern mit uns kommst!"

Das stellte für Vivi schon die erste schwere Probe dar. Sie hatte sich noch nie ihren Eltern widersetzt. Was würde geschehen, wenn sie mittags einfach nicht nach Hause kam? Aber sie hatte keine andere Wahl. Sie wollte unbedingt dazu gehören.

„Na, scheiterst du daran schon?", fragte Andrea höhnisch.

„Nein, nein", antwortete Vivi schnell. „Das geht schon. Habt ihr einen besonderen Tag ausgesucht?"

„Ja, wir gehen immer mittwochs, das ist der beste Tag", antwortete Sabine.

Vivi war erleichtert. Am Mittwoch kam ihr Vater zur Zeit mittags nicht nach Hause, weil die Baustelle zu weit entfernt war. „Kein Problem", meinte sie.

Petra musterte sie durchdringend, sagte jedoch nur: „Vergiß es aber nicht."

Vivi war am Mittwoch den ganzen Vormittag über aufgeregt. Sie hatte nicht die geringste Vorstellung, was die Mädchen vorhatten.

„Laß dein Rad stehen“, sagte Petra nach Schulschluß, „wir fahren mit dem Bus.“

Das machte Vivi noch nervöser. Sie war noch nie ohne die Mutter Bus gefahren, und auch mit ihr nur sehr selten. „Wo fahren wir denn hin?“

„Zum Einkaufszentrum.“

Das lag im großen Gewerbegebiet Richtung Braunschweig, ein ganzes Stück von Bachweiler entfernt. Vivi war dort höchstens einmal im Jahr mit ihrer Mutter, wenn sie für Weihnachten Kleidung einkauften und ein bißchen Spielzeug. Für Vivi war das jedesmal ein Festtag, auch wenn man wegen der vielen Leute nicht sehr viel anschauen konnte. So, stellte sie sich vor, mußte es auch in der Stadt sein, nur noch viel größer. Diese Strecke mit dem Bus kannte sie, daher war sie gleich wieder beruhigt.

„Ich habe aber nicht viel Geld dabei“, sagte sie unterwegs leise zu Sabine.

Die sah sie verwundert an. „Wer braucht Geld?“, fragte sie.

Vivi verstand diese Frage nicht, schwieg jedoch vorsichtshalber, um nicht als dumm verlacht zu werden.

Kurz, bevor sie das Einkaufszentrum betraten, gab Petra noch entsprechende Anweisungen. „Also, wie gewohnt verteilen wir uns, damit es nicht auffällt. Keine von euch bringt etwas unter 100 Mark, ist das klar? – Vivi, du gehst mit Sabine. Wir treffen uns in einer Stunde an der gewohnten Stelle.“

Damit trennten sich die Mädchen, und Vivi folgte Sabine, die zielstrebig ein bestimmtes Kaufhaus ansteuerte.

Vivi war ein wenig schwindlig geworden. 100 Mark, so viel Geld besaß sie doch gar nicht! Und was sollte sie dafür kaufen, damit Petra zufrieden war?

„Ich brauche unbedingt was zum Anziehen", bemerkte Sabine. „Ich habe extra meinen ältesten Pulli angezogen." Sie musterte Vivi. „Deine Sachen sehen noch ziemlich neu aus, das geht nicht."

„Ich wußte ja nicht ..."

„Na, laß mal, heute schaust du ohnehin nur zu. Also paß jetzt gut auf!"

Sabine ging ohne besondere Eile mit kritischer Miene durch die Jugendabteilung, griff hier nach einem Teil, befühlte dort den Stoff. Vivi folgte ihr, sah sich nur gelegentlich um, war aber viel zu aufgeregt, um die Sachen genauer anzuschauen. Was hatte Sabine nur vor? Sie zuckte zusammen, als Sabine sie plötzlich leicht in die Seite rempelte. „Setz gefälligst eine andere Miene auf!", zischte sie. „Da kapiert doch jeder gleich, was hier läuft!"

Vivi selbst kapierte es allerdings nicht. „Wie soll ich denn schauen?", flüsterte sie ratlos.

„Na, so als ob du was kaufen würdest! Mach schon, da hinten guckt schon die an der Kasse!"

Vivi gehorchte und bildete sich ein, ihre Rolle gut zu spielen. Leider fand sie nichts Ansprechendes in einer Preisklasse, die kein Loch in ihren mageren Geldbeutel riß. Umso erstaunter stellte sie fest, daß Sabine inzwischen fündig geworden war –

Hosen und Pullover, jedes Teil über 100 Mark ausgezeichnet! Sie hätte gern gefragt, womit die Freundin das bezahlen wollte, traute sich aber nicht.

Sabine hatte nun einiges über dem Arm, suchte jedoch noch weiter, hängte einiges wieder zurück und zog etwas anderes vom Ständer.

Nach einer Weile bemerkte Vivi, daß eine ältliche, füllige Verkäuferin sie beobachtete und langsam näherkam. Sie stupste Sabine leicht an und verdrehte die Augen zur Seite. Sabine nickte, sie hatte die Verkäuferin ebenfalls bemerkt. Allerdings ließ sie sich nicht in der weiteren Auswahl stören, sondern belud nun auch noch Vivi.

Schließlich sprach die Verkäuferin sie an: „Na, wo ist denn eure Mutter?“

Vivi merkte, daß sie rot wurde. Sabine antwortete sofort: „Die kommt gleich, sie hat uns vorgeschickt, damit es dann schneller geht. Es nervt sie ziemlich, wenn wir solange brauchen.“

„Und sie sucht nicht für euch mit aus?“

„Das hat sie aufgegeben.“ Sabine zeigte der Verkäuferin ein gewinnendes Lächeln. Sie war schlank und ein wenig engelhaft, mit einer sommersprossigen Stupsnase, unschuldigen blauen Augen und einer puppenhaft lockigen dunkelblonden Haarmähne. Sie wußte genau, daß man ihr kaum widerstehen konnte. Sie hielt einen grün-braun gestreiften Pulli hoch. „Meinen Sie, der steht mir?“

„Kommt darauf an, wozu du ihn trägst“, erwiderte die Verkäuferin.

Sabine wühlte in dem gesammelten Stapel Kleidung und zog eine braune Hose hervor. „Ich dachte, diese hier.“

„Ja, die paßt farblich, aber ich denke, du brauchst eine Nummer kleiner.“

„Oh, das habe ich übersehen. Vielen Dank, Sie sind sehr nett!“

Die Verkäuferin lächelte geschmeichelt. „Und was hast du dir ausgesucht?“, fragte sie Vivi.

Vivi schaute auf den Stapel und hob die Schultern.

„Meine Kusine ist immer so unentschlossen, deshalb suche ich mit aus“, antwortete Sabine an ihrer Stelle.

„Ihr wißt aber schon, daß man nicht mehr als drei Sachen mit in die Kabine nehmen darf“, mahnte die Verkäuferin freundlich.

„Ja, aber wir gehen zu zweit in eine Kabine, das macht sechs Teile, und den Rest hängen wir eben draußen hin, sonst müssen wir doch ständig hin- und herrennen“, versetzte Sabine forschfröhlich. „Dann haben Sie doch alles genau im Auge, und wir sind fertig, bis meine Mutter kommt.“

Damit gab sich die Verkäuferin zufrieden, und die beiden Mädchen steuerten eine Umkleidekabine an. Wie sie es versprochen hatte, nahm Sabine sechs Sachen mit hinein und ließ den Rest draußen, über einem Ständer.

Sie zog den Vorhang zu und begann, sich auszuziehen. „Vivi,

jetzt muß es schnell gehen“, flüsterte sie. „Los, du mußt wenigstens so tun, als ob du etwas anprobierst!“

„Aber was hast du denn nur vor?“, wisperte Vivi.

„Ich nehme den Pullover hier.“ Sabine hielt einen dunklen Häkelpullover mit Rautenmuster hoch. Den hatte sie als erstes Stück ausgesucht. „Ist er nicht bildschön?“

Vivi schaute auf das Preisschild. „Aber der kostet 150 Mark!“, hauchte sie entgeistert. „Woher hast du soviel Geld?“

„Ich habe überhaupt kein Geld dabei, Schafskopf, ich ziehe den Pulli an, und wir gehen damit raus!“, stöhnte Sabine über soviel Begriffsstutzigkeit.

Vivi wurde blaß. „Du meinst, du … du klaust das Teil?“

„Endlich hat sie’s kapiert. Los, mach schon, ehe die alte Tusse ’was merkt.“

„Mit deinem Gerede hast du sie bestimmt mißtrauisch gemacht!“

„Quatsch, das ist doch der Trick dabei. Zieh was an und benimm dich harmlos, mach schon!“

„Aber Sabine, das geht doch nicht … das ist Diebstahl …“

„Nein, es ist ein Tauschgeschäft“, grinste Sabine verschmitzt. „Was ist, hast du etwa Schiß? Oder willst du den Moralapostel spielen?“

Vivi wäre am liebsten davongerannt. Aber dann wäre sie in der Clique ein für alle Mal unten durch gewesen, und sie hätte in der Schule kein Bein mehr auf die Erde gekriegt. Und das mit den Freundinnen hätte sie sich auch abschminken können.

„Und es trifft keinen Armen", fügte Sabine hinzu.

„Ja." Das beruhigte Vivi etwas. Die Leute, denen solche Häuser gehörten, konnten bestimmt den Verlust eines Pullovers verschmerzen. Sie fügte sich und blieb.

Die nächsten paar Minuten brachten die Mädchen damit zu, pausenlos Sachen anzuprobieren, abzulegen, mit den Kleidungsstücken draußen auszutauschen und wieder neu zu kombinieren. So ging das eine ganze Weile, bis sie sicher sein konnten, daß die Verkäuferin die Übersicht verloren hatte. Die Kabine neben ihnen war inzwischen von einem etwa siebzehnjährigen Mädchen besetzt, das ebenfalls ständig hin- und herging, neue Sachen holte und andere irgendwo hinlegte.

Sabine hatte inzwischen den ausgesuchten Pullover von allen Preisschildern und Sicherungen befreit, angezogen und die Jakke zugemacht. Da sie bereits vorher einen dunklen Pulli getragen hatte, konnte man nicht auf Anhieb erkennen, daß sie ein neues Teil trug.

Dann verließen die Mädchen die Kabine, beladen mit den Klamotten und Sabines altem Pulli auf dem frei gewordenen Bügel. Sabine legte unauffällig ihren alten Pullover und eine Hose zu dem abgelegten Stapel der jungen Frau, nahm stattdessen etwas anderes mit und steuerte mit Vivi zusammen zu den Kleiderständern.

„Na, nichts Passendes gefunden?" Aus dem Nichts war die Verkäuferin plötzlich wieder aufgetaucht. Vivis Herz hämmerte so wild, daß es in ihren Ohren rauschte. Sie war überzeugt davon, daß nun alles aus war und sie beide als Diebinnen entlarvt würden.

„Nee, angezogen paßt es entweder nicht oder es schaut bescheuert aus. Irgendwie wird das heute nichts“, sagte Sabine locker, die keine Sekunde zögerte. „Ich häng' die Sachen nur noch schnell hin, dann machen wir uns auf die Suche nach meiner Mutter.“

„Laß mal, ich mach' das schon“, meinte die Verkäuferin und nahm Sabine die Sachen ab.

„Danke, ich hasse sowas nämlich!“, rief Sabine. „Also auf Wiedersehen, vielleicht finden wir das nächste Mal was!“

Sie nahm Vivis Arm und wanderte mit ihr Richtung Ausgang. „Langsam“, zischte sie leise, als Vivi vorwärts drängte. „Willst du zum Schluß noch alles verderben? Schön ruhig, wir haben nichts verbrochen.“

Das empfand Vivi zwar keineswegs so, aber sie fügte sich.

Erst, als sie das Einkaufszentrum verlassen hatten, rannten beide Mädchen los; sie mußten ihrer Anspannung Luft machen. An der Busstation gab es eine Unterführung zur anderen Straßenseite, die Sabine zielstrebig ansteuerte. Vivi folgte ihr bis zu einem verwaisten Spielplatz. Sabine lachte lauthals, und auch Vivi fühlte sich unendlich erleichtert und von einem nie gekannten Gefühl der Macht durchdrungen, das sie regelrecht berauschte.

„Das war unglaublich!“, rief sie.

„So wird's gemacht!", erklärte Sabine. „Sie wissen genau, daß geklaut wird, aber sie kommen nie dahinter, wie! Und zwischendurch kaufe ich dann wirklich mal was, eine Kleinigkeit, nur um nicht zu bekannt zu werden. Sobald du nämlich was gekauft hast, vergessen sie dein Gesicht!"

„Also, ich hätte das nie für möglich gehalten ..." Vivi ließ sich atemlos auf eine Bank fallen.

„Du hast dir fast in die Hose gemacht!", kicherte Sabine. „Und ich hab Blut und Wasser geschwitzt, daß du nicht durchdrehst!"

„Robin Hood hätte es bestimmt nicht besser gekonnt", überlegte Vivi. Auf einer Stufe mit einem der berühmtesten Diebe zu stehen, das war nicht schlecht!

Allmählich trafen auch die anderen ein und zeigten ihre Beute – Parfüm, Schminksachen, Unterwäsche, sogar CDs waren dabei. Jedes Mädchen hatte sein Soll erfüllt, und es war ein beachtlicher Schatz zusammengekommen, über den Vivi nur so staunte. Solche Sachen kannte sie sonst nur aus der Fernsehwerbung; sie besaß nicht einmal einen CD-Player.

Petra wollte natürlich wissen, wie sie sich angestellt hatte. Vivi freute sich, daß Sabine sie lobte und erklärte, daß sie diesen ersten Test bestens bestanden habe – auch wenn sie noch keine eigene Beute vorzuweisen hatte.

„Dann hast du jetzt hoffentlich kapiert, wie's geht", sagte Petra. „Das nächste Mal bist du wieder mit dabei – aber allein."

„In Ordnung!" Vivi war immer noch in Hochstimmung und

sicher, daß ihr alles gelingen konnte, nachdem es das erste Mal so einfach gewesen war. „Das schaffe ich schon!“

Die anderen Mädchen lachten. „Hoffentlich machst du dann im entscheidenden Moment nicht wieder einen Rückzieher!“, meinte Andrea, die natürlich immer ihren Senf dazugeben mußte, spöttisch.

Sie fuhren fröhlich schwatzend, die geklauten Sachen sorgfältig verstaut, mit dem Bus zur Schule zurück, um die Räder zu holen und nach Hause zu fahren.

An diesem Nachmittag hatte Vivi den Verlust ihres Hamsters das erste Mal völlig vergessen; sie hätte die ganze Welt umarmen können. Sie war sicher, bald ganz zur Clique zu gehören. Dann würde sie bestimmt nicht mehr als „rückständig“ und lediglich als irgendeine aus „Deppenweiler“ angesehen. Sie würde auch jemand von Bedeutung sein.

5.

Die Mädchen begegneten Vivi jetzt freundlicher, aber Petra gab ihr deutlich zu verstehen, daß mit diesem einen Mal noch längst nicht alles überstanden war. Es mußte erst festgestellt werden, ob Vivi wirklich stark genug war, um nicht doch irgendwann im letzten Moment zu kneifen und sie alle in Teufels Küche zu bringen.

Nachdem Vivis Hochgefühl sich gelegt hatte, überlegte sie, wie es nun weitergehen sollte. Es war einmal gutgegangen, und zuhause hatte auch niemand mitbekommen, daß sie nicht pünktlich da gewesen war. Sie mußte es irgendwie schaffen, auch in Zukunft alles unter einen Hut zu kriegen, damit es keinen Ärger gab.

Doch bereits beim nächsten Mal geriet sie in Bedrängnis, als Petra ihr mit einem hämischen Grinsen verkündete, daß sie diesmal am Dienstag und nicht am Mittwoch auf Raubzug gehen würden, und daß es Vivis Premiere sein sollte. Vivi war sicher, daß Petra das mit Absicht machte, nur um es ihr noch schwerer zu machen.

Tapfer sagte sie: „Okay“, aber innerlich war sie deutlich aufgewühlt. Immerhin hatte sie ein paar Tage Zeit; vielleicht konnte sie mit der Mutter ausmachen, länger wegbleiben zu dürfen.

Ohne es auf die lange Bank zu schieben, fing sie bereits am selben Abend davon an: „Mama, nächsten Dienstag komme ich erst später, weil wir noch ein zusätzliches Sporttraining machen. Weißt du, die Mädchen von der Handballgruppe und ich."

„Ein zusätzliches Training? Wieso das denn?"

„Wir haben doch ein Schulspiel kurz vor den Sommerferien, und da wollen wir üben."

„Hmm ... na gut. Ich werd's deinem Vater sagen, wenn er nachher kommt."

Herbert Andraschek wollte natürlich genauer wissen, wo Vivi sich nach der Schule noch „herumtrieb", anstatt im Haushalt zu helfen. Aber diesmal setzte sich Carola für die Tochter ein.

„Sie wird bald elf, Herbert, außerdem ist es ein Sporttraining, da kann sie schlecht absagen, das weißt du genau. Das wirkt sich sonst nachteilig im Zeugnis aus."

„Man wird ja wohl noch fragen dürfen", brummte er. „Bitte, wenn du deiner Tochter alles durchgehen lassen willst ... aber mein warmes Essen bekomme ich pünktlich, klar?"

„Ich werde schon eine Lösung finden, Herbert", versprach Carola.

Vivi schämte sich, daß sie schon wieder geschwindelt hatte, aber diesmal konnte sie wirklich schlecht die Wahrheit sagen. Sie war sich bewußt, daß es Unrecht war, was sie tat. Aber viele andere machten es auch, und sie klaute ja nicht regelmäßig. Eine richtige Diebin war sie doch erst dann, wenn sie ständig irgend etwas mitnahm; und selbst das war noch nicht so schlimm.

Es gab andere, die nahmen den Leuten, die es nicht so dicke hatten, noch das letzte Hemd weg, ohne ein schlechtes Gewissen zu haben. Wie oft kam es vor, daß alte Omas niedergeschlagen und ausgeraubt wurden? Dagegen waren die Diebstähle der Clique wirklich nur eine Kleinigkeit. Es waren nur wenige Stücke, und es schadete keinem Armen. Sollten sie die Sachen halt billiger machen, damit sie sich jeder leisten konnte! Es war doch nicht gerecht, daß der eine sich alles kaufen konnte und der andere gar nichts.

Viel schlimmer war es doch, wenn man einem anderen etwas Böses antat. So wie Papa, wenn er Mama schlug. Oder Goldie tötete ... Das war doch ungerecht! Aber niemand würde ihn jemals deswegen bestrafen, es wurde ihm nicht einmal verboten. Vivi wußte von der Schule, daß andere Väter sogar ihre Kinder schlugen, da ging es noch schlimmer zu. Niemand machte ihnen Vorschriften, daß sie das nicht tun durften.

Vielleicht war es Unrecht, was die Clique tat, aber bestimmt nur ein ganz kleines bißchen im Vergleich zu dem, was sonst alles passierte. Abends im Fernsehen liefen regelmäßig die Nachrichten, die sich Vivi immer mit den Eltern ansah, und da gab es die schlimmsten Schauergeschichten.

„Ich tu's doch nur, damit sie mich anerkennen", dachte sie. „Und dann nie wieder."

Sie mußte auch zugeben, daß es sie lockte, einmal etwas Wertvolles zu besitzen. Was die Kleidung betraf, konnte sie sich zwar nicht beklagen, sie lief nicht schäbig herum wie manche andere. Aber darüber hinaus, und das fing schon bei der Unterwäsche an und ging bis zu den Schuhen weiter, konnte sie kaum mit den anderen mithalten. Vivi beneidete manche der älteren Mädchen, die sich herausputzten und damit wer weiß wie angaben.

Am Dienstag gab sich Vivi so cool wie möglich, obwohl sie innerlich wie ein Vogel flatterte, den die Katze im Visier hatte.

„Naa, kannste fort?", erkundigte sich Andrea gleich morgens gedehnt.

„Ja, klar", gab Vivi gelassen zurück. „Kein Problem."

Das ältere Mädchen starrte sie überrascht an; damit hatte es wohl nicht gerechnet. „Na, dann werden wir mal sehen, ob du auch bis zum letzten Schritt bereit bist."

Das war Vivi; sie hatte sich alles genau überlegt. Sie wollte ein paar Turnschuhe, Adidas oder Puma. Die kosteten ein Heidengeld. Sie hatte extra ihre alten Turnschuhe angezogen, mit denen sie wirklich keinen Staat mehr machen konnte. Und dann würde sie es genauso machen wie Sabine mit den Klamotten.

Nachdem die Mädchen sich getrennt hatten, ging Vivi zielstrebig in das Kaufhaus, das eine große Sportabteilung hatte. Besonders bei den Turnschuhen war dort immer höllisch viel los, so daß sie gute Chancen hatte, nicht erwischt zu werden.

Vivi war so angespannt und beschäftigt, den richtigen Moment zu nutzen, daß sie nicht einmal mehr Angst hatte. Als erstes suchte sie sich ein Paar Badeschlappen im Sonderangebot von fünf Mark heraus, das sie kaufen wollte. Dann lief sie zwischen den Schuhregalen herum, sammelte Paar um Paar, stellte sie nebeneinander auf, holte sich einen Stuhl und begann zu probieren. Ihre eigenen Schuhe rückten dabei immer ein wenig weiter nach außen. Zuletzt konzentrierte sie sich auf drei passende Paare, da waren die alten Turnschuhe schon längst auf dem untersten Gestell eines Regals der geschmacklosesten und billigsten aller Turnschuhe gelandet, wo sie sicher nicht so schnell entdeckt wurden. Das teuerste Paar für fast hundertfünfzig Mark paßte am besten. Die Preisschilder gingen schnell ab. Vivi kauerte sich dann hin und sah sich um, ob gerade jemand in der Nähe war. Dann holte sie hastig einen schwarzen und einen rosafarbenen Filzstift aus der Tasche. Mit dem schwarzen Stift machte sie ein paar Striche, die sie zu „Gebrauchsspuren" verwischte, und mit dem rosafarbenen malte sie ein Blümchen auf die rechte Schuhspitze. Dann räumte sie sorgfältig alle Schuhe wieder ein, schlenderte einige Regale weiter, sah sich hier und da ein Paar Schuhe an, prüfte den Preis, setzte eine enttäuschte Miene auf und ging Richtung Kasse.

„He!", rief jemand hinter ihr.

In diesem Moment fiel Vivi beinahe das Herz in die Hose. Wie angewurzelt blieb sie stehen und drehte sich langsam um. Sie konnte kaum atmen.

Eine alte Frau fuchtelte mit dem schwarzen Filzstift in der Luft. „Du hast was verloren, Kleine!"

„Oh, danke!" Vivi war mit einem Satz bei ihr und nahm den Stift, den sie sofort in der Tasche verstaute. „Den brauche ich unbedingt, das ist sehr nett."

„Bist du allein hier?"

„Ja, ich brauchte nur diese Badeschuhe, dafür hat mich Mama allein gehen lassen", log Vivi, ohne mit der Wimper zu zukken. „Aber es sind so viele schöne Schuhe hier ...", fügte sie seufzend hinzu.

„Mußt halt noch mal kommen, aber dann mit der Mama", meinte die Alte mitfühlend. Sie hatte ein paar beige Schuhe mit flachem Absatz in der Hand und ging mit Vivi zur Kasse.

Das Mädchen ließ sie höflich vor, legte aber die Badeschuhe gleich daneben. Es war sicher besser, wenn es so aussah, als hätten sie zusammen eingekauft.

„Geht das zusammen?", erkundigte sich die Verkäuferin.

„Nein, ich hab mein eigenes Geld", sagte Vivi schnell, bevor die Oma etwas sagen konnte.

Drei Minuten später verließ sie das Einkaufszentrum. Niemand hatte auf ihre Schuhe geachtet.

Sogar die ewig kritische Andrea mußte anerkennen, daß Vivi ihre Sache gut gemacht hatte. Vivi war so glücklich über ihre Beute, daß sie nicht darüber nachdachte, wie sie dazu gekommen war. Außerdem konnte sie sich endlich in der Bewunderung der Clique sonnen, daß sie, die Jüngste, gleich beim ersten Mal einen solchen Erfolg verbuchen konnte.

Petra holte sie allerdings sehr schnell wieder auf den Teppich zurück, und zwar nach ein paar Tagen. Vivi gesellte sich jetzt ganz selbstverständlich zur Clique und zeigte keine Scheu oder Zurückhaltung mehr. Trotzdem gehörte sie immer noch nicht ganz dazu.

„Du hast deine Sache ganz gut gemacht", sagte Petra, „aber eine Prüfung steht noch aus. Weißt du, in einem so großen, anonymen Zentrum, das ist leicht. Jetzt mußt du dich dort beweisen, wo du zu Hause bist."

Vivi machte ein erschrockenes Gesicht. „In Bachweiler? Aber dort kennt mich doch jeder!"

„Eben drum!", nickte Petra. „Ihr habt doch bestimmt einen Laden dort."

„Ja, Frau Sommers Geschäft ..."

„Gut, dort wirst du etwas klauen, ohne daß sie es merkt. Es spielt keine Rolle, was, Hauptsache du tust es."

Vivi schüttelte den Kopf. „Das kann ich nicht."

„Du bist eben doch ein Feigling!", höhnte Andrea sofort. „Petra hat ganz Recht gehabt, daß du nur eine Angeberin bist, mit nichts dahinter!"

Gekränkt sah Vivi Petra an.

„Das hab ich nicht gesagt!", schnauzte diese Andrea sofort an. „Ich hab gesagt, daß es so jeder kann, selbst die furchtsame Vivi!"

„Ich hab' keine Angst! Und ein Feigling bin ich auch nicht!", rief Vivi empört. „Aber Frau Sommer zu bestehlen, das ist einfach nicht anständig!"

„Siehst du, und genau darum geht es", erklärte Petra gewichtig. „Genau in solchen Momenten zeigt sich, wer wirklich zu der Gruppe hält. Was denkst du, wenn wir gemeinsam was unternehmen, und du läßt uns dann plötzlich hängen, nur weil du auf einmal Schiß bekommst? Du mußt dich entscheiden, für wen du bist – für die anderen oder uns. Ein Dazwischen gibt es nicht."

„Petra, ich würde euch doch nie hängenlassen! Aber ich kann doch nicht –"

„Die anderen – oder wir!", wiederholte Petra scharf. „Das mußt du kapieren! Egal, ob du Frau Sommer nett findest oder nicht – du mußt dich zwischen ihr oder uns entscheiden, und zwar hier und jetzt!"

Solchermaßen unter Druck gesetzt, war Vivi nahe daran, in Tränen auszubrechen. Wie konnten ihre Freundinnen nur so etwas von ihr verlangen? Glaubten sie wirklich noch, daß sie feige war? Sie hatte doch alles getan, sogar die Eltern angelogen. Mußte dieser Schritt sein, nur um zu beweisen, daß sie genauso mutig und soviel wert war wie alle anderen in der Clique?

„Jede von uns hat das tun müssen, Vivi", sagte Sabine. „Es ist der letzte Beweis, daß wir einander wirklich vertrauen können."

Vivi hatte wieder einmal keine Wahl. An einem Nachmittag, von dem sie wußte, daß die Eltern noch nicht zu Hause waren, unternahm sie den schweren Gang zu Frau Sommers Laden. Sie wurde von Sabine und Petra begleitet, damit sie nicht einfach schwindeln konnte. Die beiden Mädchen warteten draußen, aber so, daß sie durch die Scheibe schauen konnten. Vivi wurde aufgetragen, den Kassenzettel mitzubringen, um vergleichen zu können, was sie gekauft hatte.

„Wenn du kneifen willst, hast du jetzt die letzte Gelegenheit dazu", sagte Petra zu ihr. „Dann ist es keine Sache, du wirst nicht in die Clique aufgenommen, und alles ist erledigt. Solltest du drinnen aber Scheiße bauen, kannst du sicher sein, daß wir dich für alle Zeiten schneiden werden und das auch allen anderen sagen!"

„Ich mach's schon", murmelte Vivi. Ihre Knie zitterten. Es ging jetzt nicht nur um die Angst, entdeckt zu werden. Sie war hier zu Hause, Frau Sommer kannte sie, seit sie ein Baby war. Sie war immer freundlich zu ihr gewesen. Immerhin hatte Petra gesagt, daß es keine Rolle spielte, was sie klaute – es ging nur um das Symbol.

Vivi ging in den Laden und wurde gleich freundlich begrüßt. Frau Sommer stellte ihr einige Fragen, die sie nur kurz beantwortete.

„Wissen Sie, ich bin mit ein paar Freundinnen hier", gab sie zur Erklärung für ihre Einsilbigkeit. „Ich hole nur schnell was zu trinken."

„Ach so, ich verstehe. Deine Freundinnen sind aber nicht von hier, stimmt's?"

„Nein, von der Schule." Vivi holte zwei Dosen Cola und eine kleine Flasche Fruchtsaft. Frau Sommer wußte genau, daß Vivi zu Hause nie Cola trinken durfte, und sie wollte nicht riskieren, daß sie der Mutter etwas erzählte.

Auf dem Weg zur Kasse steckte sie schnell einen Kaugummi in die Hosentasche. „So, ich hab's", sagte sie und stellte die Büchsen aufs Band.

Frau Sommer tippte die Preise ein. „Vier Mark neunzehn", sagte sie freundlich zu Vivi.

Vivis Hand fuhr in die Hosentasche. Siedendheiß fiel ihr ein, daß dort, wo das Geld war, auch der Kaugummi steckte.

Warum hatte sie das Geld nicht in die Hand genommen? Wie konnte sie nur so leichtsinnig, so dumm sein? Wie sollte sie jetzt an das Geld herankommen, ohne daß Frau Sommer merkte, was sie noch in der Tasche hatte?

Der Kaugummi brannte ihr sowieso schon auf der Haut; sie hatte das Gefühl, als müßte man ihn ganz deutlich sehen.

Mit beiden Händen nestelte sie in der Hosentasche herum, versuchte den Geldschein um den Kaugummi herumzumanövrieren.

„Ihr Mädchen habt doch immer zu enge Hosen an", scherzte Frau Sommer, die bis jetzt noch völlig ahnungslos war, obwohl Vivi glaubte, daß man es ihrem Gesicht deutlich ansehen mußte.

Petra und Sabine winkten draußen, sie wurden allmählich ungeduldig.

„Ich hab's gleich", sagte Vivi nervös.

Jetzt erst fiel ihr eine Lösung ein – sie hätte einfach so tun können, als hätte sie ihr Geld vergessen, und nach einem der Mädchen draußen rufen, ob es für sie auslegen könne. Doch es war zu spät, die Spitze des Geldscheins lag bereits deutlich sichtbar in ihrer Hand.

„Nur die Ruhe, Mädchen." Frau Sommer war nie ungeduldig, und wenn die Warteschlange noch so lang war. Jeder Kunde wurde bei ihr auf dieselbe Weise bedient, und wenn er länger brauchte, dann war das eben so.

Zum Glück war Vivi momentan allein im Laden. Sie hätte es nicht ertragen, wenn es Zeugen gegeben hätte.

„Jetzt!" Erleichtert zog Vivi den Geldschein heraus.

Doch leider hatte sich ein Faden der Hose darum gewickelt, der nun mit herausgezogen wurde. Und mit ihm der Kaugummi, der aufs Band fiel.

Frau Sommers freundliches Lächeln versteinerte allmählich. „Was ist das?", fragte sie langsam.

Vivis Gesicht wurde hochrot. Am liebsten wäre sie im Erdboden versunken. Aus dem Augenwinkel sah sie, wie Petra und Sabine sich mit ihren Fahrrädern davonmachten. Sie hatten genau mitbekommen, was geschehen war.

„Ich … ich …", stammelte sie, während ihre Augen sich mit Tränen füllten.

„Schon gut, Mädchen", sagte Frau Sommer leise und sehr traurig, „ich hab's schon verstanden."

Vivi konnte sich dann an keine Zeit ihres Lebens erinnern, die schrecklicher gewesen wäre.

Frau Sommer hatte sie nicht einmal gescholten, sie war nur sehr enttäuscht gewesen. Sie hatte auch nicht die Polizei gerufen, sondern war mit Vivi nach Hause gegangen und hatte auf ihre Eltern gewartet.

Und die Eltern bekamen einen Tobsuchtsanfall. Sie zeigten sich völlig fassungslos, daß ihre Tochter zu einer Lügnerin und Diebin geworden war.

Frau Sommer hatte gesagt, daß sie die Polizei nicht informieren wolle, weil es das erste Mal gewesen sei und nur eine kleine Packung Kaugummi.

„Es waren noch zwei Mädchen dabei", berichtete sie, „ich gehe davon aus, daß es sich um eine Mutprobe handelte. Es tut mir sehr leid, was geschehen ist, aber ich mußte euch informieren. Am besten lasse ich euch jetzt mit Vivi allein, aber seid nicht zu streng mit ihr. Das Mädchen ist verstört genug."

Vivi hätte alles darum gegeben, wenn Frau Sommer noch geblieben wäre. Sie hatte schreckliche Angst, was geschehen mochte, sobald sie mit den Eltern allein war.

Herbert Andraschek regte sich am meisten auf. „Ich sollte dich selbst anzeigen und zur Polizei bringen, einsperren sollte man dich für ein paar Tage, damit du weißt, was es heißt, ein

Dieb zu sein!“, brüllte er das Kind an. „Da tut man alles, um das Gör zu einem anständigen Menschen zu erziehen, und was macht es? Ich habe keine Ahnung, wie ich zu so einem mißratenen Kind komme! Wahrscheinlich hast du sie mir nur untergeschoben!“, wandte er sich sogar gegen seine Frau. „Von mir hat sie das jedenfalls nicht!“

„Herbert, hör auf damit!“, schrie Carola zurück. „Ich lasse die Schuld nicht auf mich abschieben, sie ist deine Tochter ebenso wie meine! Und ich habe ihr nicht beigebracht, zu lügen und zu stehlen!“

Vivi saß wie ein Häuflein Elend auf der Couch und schluchzte ununterbrochen. Zum Glück fragte niemand, weshalb sie das getan hatte. Sie hätte kein Wort herausgebracht.

„Wer waren die beiden anderen?“, fuhr der Vater sie an. „Los, sag mir sofort ihre Namen! Dann werde ich ihre Eltern anrufen und sie mal darüber aufklären, was sie für Früchtchen großgezogen haben, die es nicht erwarten können, andere mit in ihren Dreck hineinzuziehen!“

Frau Sommer hatte die beiden Mädchen nicht beschreiben können; sie waren größer gewesen als Vivi, aber das war auch schon alles. Natürlich waren sie längst über alle Berge gewesen, als Frau Sommer ihren Laden abgesperrt hatte, um Vivi zu ihren Eltern zu bringen.

Vivi schüttelte den Kopf. Sie schrie auf, als ihr Vater ihr plötzlich mit seiner mächtigen Pranke eine schallende Ohrfeige verpaßte – die erste ihres Lebens.

„Die Namen!", wiederholte er donnernd.

Aber Vivi schüttelte erneut den Kopf, nur langsam, die linke Hand auf die Wange gepreßt. Unter heftigem Schluchzen stieß sie abgehackt hervor: „Die – die ha-ha-haben nichts damit zu-zu tun ..."

„Das glaubst du doch wohl im Leben nicht!", schrie der Vater. „Weshalb sind sie dann so schnell abgehauen? Los, sag mir jetzt endlich ihre Namen!"

Vivi schnappte nach Luft. „Es – es war doch nu-u-ur –"

„Vivi, es ist besser, wenn du jetzt nichts mehr sagst", meldete sich plötzlich die Mutter zu Wort. Im Gegensatz zum Vater schrie sie die Tochter nicht an, sondern zeigte sich so wie Frau Sommer: Zutiefst enttäuscht.

„Aber sie muß doch –"

„Herbert, sieh doch ein, daß sie völlig fertig ist, sie kann nicht mehr! Außerdem spielt es keine Rolle mehr, es ist geschehen! Überlegen wir uns lieber, womit wir sie bestrafen können, damit sie versteht, was sie da getan hat!"

„Das wird nichts bringen! Der Balg ist verdorben und mißraten, da kannst du nichts mehr machen, selbst wenn du sie totschlägst!"

„Und deshalb wirst du sie auch nicht mehr schlagen!"

Vivis linke Wange hatte sich inzwischen dunkelrot und lila verfärbt. Sie weinte jetzt vor Schmerz.

Carola ging zu ihr und hielt ihr die Hand hin. „Komm jetzt, wir gehen nach oben."

Herbert Andraschek hob die Arme und verschwand in der Küche, um sich auf den Schock erst einmal zu stärken. Seine Stimme dröhnte von dort: „Was tut man nicht alles, und das ist der Dank ... wozu das alles, frag' ich mich ... noch dazu im Krämerladen um die Ecke, wo uns jeder kennt ... was für 'ne Schande ... jeder wird uns schief anschauen ..., da schau, da kommen die Andrascheks mit der Diebin ... 'ne Riesenschweinerei ist das ..."

„Damit hat dein Vater ganz recht", sagte die Mutter auf dem Weg nach oben. „Was werden die Leute jetzt denken! Den Mund werden sie sich über uns zerreißen, nirgends mehr sehen lassen können wir uns ... ausgerechnet du, Vivi, das hätte ich nie von dir gedacht ..."

Vivi schwieg. Ihr brummte der Kopf von der Ohrfeige, obwohl ihr Vater nur mit gebremster Kraft zugeschlagen hatte. Die Mutter brachte sie ins Bad, drehte den Kaltwasserhahn auf und benetzte einen Waschlappen. Dankbar fühlte Vivi die kühle Feuchtigkeit an der Wange.

„Das sieht schlimm aus", murmelte Mama. „Was denkt er sich dabei, damit kann er dich doch umbringen ... tut's sehr weh?"

Vivi verbiß sich die Tränen. Tapfer drehte sie langsam, verneinend den Kopf.

„Vivi, dummes Kind, du weißt genau, wie dein Vater ist. Was hast du dir nur dabei gedacht? Du bist doch sonst nicht so ... obwohl, das erste Mal ist es nicht ..."

Vivi sah die Mutter fragend an.

„Komm mit in dein Zimmer." Carola ging zielstrebig zu Vivis Schrank und holte das neue paar Turnschuhe heraus. „Die habe ich dir nicht gekauft, und du hast wohl kaum das Geld gehabt, sie zu bezahlen. Also hast du die auch gestohlen, und das ist wohl mehr als eine Packung Kaugummi, oder nicht?"

Vivi kämpfte verzweifelt gegen die erneut aufsteigenden Tränen an. Warum gab es keinen guten Geist, der sie jetzt erlöste? Sie aufwachen ließ und erkennen, daß alles nur ein böser Alptraum gewesen war?

„Ich bin darauf gekommen, weil ich mich in der Schule erkundigt habe, wie oft und wann ihr die zusätzlichen Trainingszeiten habt", fuhr Carola Andraschek fort. „Und stell dir mal die Überraschung vor, als sie mir sagten, daß so etwas überhaupt nicht geplant ist! Dann habe ich die Turnschuhe gefunden und eins und eins zusammengezählt. Du hast mich angelogen, um dich mit deinen liederlichen Freundinnen zu treffen und im Einkaufszentrum auf Diebestour zu gehen! Es ist doch so, oder?"

Vivi nickte stumm. Sie schämte sich in Grund und Boden.

„Hast du etwa geglaubt, ich würde nie dahinter kommen?", fragte die Mutter. „Wie lange geht das schon so?"

„Es war das erste Mal", wisperte Vivi. „Und es wird nie wieder vorkommen ..."

„Ach, Vivi", seufzte Mama, „wie oft hast du mir das schon versprochen? Und nie hast du dein Wort gehalten. Aber daß du mein Vertrauen so mißbrauchst ... das kann ich wirklich nicht verstehen. Und das kann ich dir auch nicht durchgehen lassen." Sie atmete tief durch und setzte zu einer langen Predigt an: „Ich verbiete dir ein für alle Mal, dich noch einmal nach der Schule irgendwo herumzutreiben. Du kommst sofort nach Schulschluß nach Hause, ohne Ausnahme. Und sei gewiß, daß ich dich kontrollieren werde. Und dann ist natürlich dein Taschengeld für die nächste Zeit gestrichen, und du wirst mir sehr fleißig hier im Haushalt helfen, damit du weißt, was es heißt, ein anständiger Mensch zu sein. Ich würde dich ja am liebsten zwingen, die Turnschuhe zurückzubringen und das Geld dafür dort abzuarbeiten, aber ich will nicht, daß sie uns im Einkaufszentrum auch noch mit schiefen Blicken anschauen! Vermutlich würden wir auf Lebenszeit für das gesamte Zentrum Hausverbot bekommen, und jeder würde mit dem Finger auf uns zeigen. Also ist es besser, darüber zu schweigen. Aber natürlich darfst du die Turnschuhe nicht behalten, das ist dir doch klar? – Ach ja, und bei Frau Sommer wirst du natürlich auch die ganzen Sommerferien über unentgeltlich aushelfen, um wenigstens einen kleinen Teil deiner Schuld abzutragen."

Vivi nickte stumm, ergeben. Sie sah ein, daß sie Strafe verdient hatte. Allerdings tat es ihr weh, die Turnschuhe zu verlieren, aber es war sicher besser, alles still hinzunehmen. So lange hatte die Mutter noch nie zu ihr gesprochen. Wie gern hätte sie es gehabt, wenn es kein so schlimmer Anlaß gewesen wäre!

„Und was ist mit den anderen Mädchen?", fragte Mama.

„Sie haben nichts damit zu tun", wiederholte Vivi.

„Damit verbesserst du deine Lage keineswegs, kleines Fräulein. Es ist nicht im geringsten von Vorteil, in einer solchen Situation die Heldin spielen zu wollen. Damit bist du keine Petze, wenn du das annimmst. Die Mädchen tragen daran mindestens genauso viel Schuld wie du und müssen zur Rechenschaft gezogen werden. Im Unrecht darf man niemanden schützen."

„Es ist aber wirklich so, wie ich sage, Mama."

„Ich wünschte, ich könnte dir glauben. Aber ich habe kein Vertrauen mehr zu dir. Wie soll ich noch unterscheiden können, wann du lügst und wann nicht?" Carola Andraschek ging zur Tür. „Geh jetzt ins Bett, wir reden morgen weiter. Und komme ja nicht auf die Idee, morgen die Kranke zu spielen. Du wirst in die Schule gehen wie immer. Und wenn dich jemand fragt, was mit deinem Gesicht passiert ist, sagst du, du seist auf der Treppe gefallen, verstanden?"

„Ja, Mama."

Die Tür schloß sich, und Vivi war allein.

Sie hatte nicht mehr die Kraft, darüber nachzubrüten, wie sie das wieder gutmachen konnte. Ihr Kopf schmerzte zu sehr, und vom vielen Weinen war sie völlig erschöpft. Sie zog sich aus und legte sich ins Bett. Schnell war sie eingeschlafen.

Vivi ging am nächsten Morgen in die Schule, als sei nichts gewesen. Ihr Vater würdigte sie keines Blickes, und auch die Mutter zeigte sich einsilbig und wiederholte streng die Regeln: Die Leute nichts merken lassen und sofort nach Hause kommen.

Petra und Sabine paßten sie ungeduldig vor der Schule ab, um zu erfahren, wie es ausgegangen war. Als sie die blutunterlaufene, geschwollene Wange sahen, rundeten sich ihre Augen.

„War das dein Alter?“, fragte Petra.

„Ich bin auf der Treppe gefallen“, antwortete Vivi mechanisch. Sie fühlte sich immer noch wie gelähmt, als stünde sie neben sich. Sie erlebte die Umwelt mehr wie durch einen Nebel.

Petra pfiff anerkennend. „Keine schlechte Handschrift, das kann ich dir versichern. Halt bloß die Klappe drüber und bleib bei der Treppen-Version, sonst gibt es verdammten Ärger, und dann schlägt er dich womöglich tot.“

„Es tut mir leid, Vivi“, sagte Sabine, die das schlechte Gewissen plagte. „Wir wollten dich nicht im Stich lassen, aber was hätte es gebracht?“

„Ist schon in Ordnung“, murmelte Vivi. „Ich hab’ denen nicht gesagt, wer ihr seid. Frau Sommer hat euch nicht erkannt.“

„Hat sie die Polizei gerufen?“, wollte Petra wissen.

„Nein. Es hat nur einen Mordskrach zu Hause gegeben, und ich habe bis an mein Lebensende Hausarrest. Die Turnschuhe haben sie mir auch weggenommen. Und euch darf ich natürlich auch nie mehr sehen.“ Vivi ließ den Kopf hängen.

„He, das geht schon in Ordnung“, meinte Petra lässig.

Vivi zuckte zusammen, als sie plötzlich den kräftigen Arm des älteren Mädchens um die Schultern fühlte.

„Wir werden schon einen Weg finden, und keine Strafe dauert ewig. Du glaubst doch wohl nicht, daß wir dich jetzt im

Stich lassen, he? Schließlich sind wir doch Freundinnen und halten zusammen wie Pech und Schwefel!"

Vivi lächelte zaghaft, als Petra sie an sich drückte und Sabine ihr einen vorsichtigen Kuß auf die unversehrte Wange gab.

„Wir werden schon einen Ersatz für deine Turnschuhe finden, nach allem, was du durchgemacht hast", sagte sie. „Das war aber auch ein Pech! Wir haben zu spät gemerkt, woran es haperte, sonst wären wir doch reingekommen und hätten für dich ausgelegt!"

„Ach, es ging alles so schnell ...", murmelte Vivi. „Ich kapier's jetzt noch nicht so recht."

Petra lachte lauthals. „Das wirst du schnell, denn du wirst die Geschichte allen Mädels erzählen müssen, und bestimmt mehrmals! Wir haben nämlich noch gar nichts gesagt, und wenn du mit deinem Riesenveilchen in der Klasse anmarschierst, wird es sie garantiert umhauen! Meine Güte, wenn das nicht zur Legende wird!"

Arm in Arm gingen Vivi und Petra zur Schule, während Sabine das Rad schob.

Vivi fühlte sich auf einmal getröstet; denn Petra schien die Sache ziemlich locker zu nehmen, ganz im Gegensatz zu Vivis Eltern. Vielleicht hatte sie Recht, und irgendwann war Gras darüber gewachsen.

Und ein Gutes hatte die Sache schließich doch noch: Sie war endlich in die Clique aufgenommen, als anerkanntes und vollwertiges Mitglied.

Zweiter Teil

6.

Mit zwölf Jahren merkte Vivi, daß ihr Körper sich veränderte. Es war eine verwirrende Zeit, in der sie nicht recht wußte, wohin sie gehörte. Sie spürte, daß sie langsam von der Kinderzeit Abschied nehmen mußte, andererseits fühlte sie sich überhaupt noch nicht so weit. Sie war in einem ständigen Wechselbad der Gefühle, reizbar und launisch.

Die Mutter begriff schnell, was mit der Tochter vorging, nahm sie beiseite und richtete einige klärende Worte an sie. So lernte Vivi, daß sie einmal im Monat ihre Regel bekommen würde und was sie dann zu tun hatte. Vor allem solle sie darauf achten, daß niemand etwas davon merkt und sich von Jungs fernhalten.

Das verwirrte Vivi sehr, und sie holte sich Rat bei ihren Freundinnen, die sie sicher viel besser Bescheid wußten, weil sie älter waren. Besonders Petra, die schon vierzehn war und „es" bereits getan hatte – was auch immer dieses „es" sein mochte. Die Mädchen erwähnten dieses „es" nur hinter vorgehaltener Hand und gaben Vivi keine Erklärung, das müsse sie schon selber herausfinden. „Aber das war Scheiße", machte sich Petra wichtig, „laß dir bloß Zeit damit. Zu früh bringt einfach nix, ich bereu's ganz ehrlich."

Vivi hörte aufmerksam zu und war stolz, daß sie nunmehr dem geheimen Kreis der Frauen angehörte, auch wenn sie nach wie vor nichts verstand. Und was Petra mit den Jungs meinte – für die interessierte sich Vivi noch nicht im geringsten. Trotzdem war sie jetzt kein Kind mehr und spürte, daß etwas Besonderes mit ihr passierte, und das erfüllte sie zusehends mit Stolz und Vorfreude. An den kindlichen Spielen verlor sie mehr und mehr das Interesse – sie war auf dem Weg zur Frau.

Wie ihre Freundinnen schaute auch sie jetzt auf die Zehnjährigen herab, so wie früher auf sie herabgeschaut worden war. Diese „Babies" wußten doch gar nichts, sie waren dumm und eben noch richtige Kinder. Sie hatten keine Ahnung von gewissen Dingen und sahen einen immer ganz verständnislos und fragend an, wenn die Älteren sich über gewisse Dinge in Kurzformeln unterhielten und dazu ständig kicherten. Kam dann einmal eine Frage, konnte man lässig abwinken: „Davon verstehst du nichts, dafür bist du noch zu klein."

Vivi genoß es. Die Zeit der „Mutproben" lag weit hinter ihr.

Wie Petra versprochen hatte, dauerte keine Strafe ewig. Bei den Eltern würde sie wahrscheinlich für immer und ewig als Lügnerin und Diebin abgestempelt sein, aber immerhin hatte Frau Sommer ihr verziehen, und das war Vivi fast das Wichtigste. Inzwischen durfte sie sogar wieder unbeaufsichtigt im Laden einkaufen.

Allerdings blieb es nach wie vor bei strengem Hausarrest; nur bei ganz seltenen Gelegenheiten durfte Vivi einmal hinaus. Doch da sie nun ein vollwertiges Mitglied der Clique war, fanden die Freundinnen immer einen Weg, für Vivi ein paar Stunden herauszuschinden, ohne daß es ihre Eltern merkten. Andrea war dabei die Findigste; immer wieder fielen ihr neue Veranstaltungen der Schule ein, bei denen Vivi angeblich dabei sein mußte. Sie bekam es jedesmal so hin, daß Carola Andraschek, wenn sie mißtrauisch in der Schule anrief, immer die passende Auskunft erhielt – auch wenn die für etwas ganz anderes zutraf.

Die Mädchen der Clique hielten wie Pech und Schwefel zusammen. Vivi konnte sich blind darauf verlassen, daß ihre Freundinnen dicht hielten, ebenso wie sie damals niemanden verraten hatte. Sie waren eine verschworene Gemeinschaft, was den meisten Lehrern gar nicht recht war, denn sie stellten entsprechenden Unsinn an, wurden frech oder schwänzten einfach die Stunde. Es nutzte nichts, die Eltern darauf hinzuweisen; die Gruppe konnte nicht gesprengt werden, und schließlich war es nicht möglich, daß jedes Mädchen in Zukunft auf eine andere Schule ging.

Zuhause rang Vivi weiterhin um Anerkennung. Obwohl ihre Eltern sie wie eine Verbrecherin behandelten, gab sie die Hoffnung nicht auf, daß sich ihre Einstellung eines Tages ändern würde. Aber sie war abgestempelt, ihre Eltern hatten sehr deutlich gemacht, daß sie keine zweite Chance verdient hätte. Daher wollte Vivi erst recht nicht mehr auf ihre Freundinnen verzichten – also lernte sie gut zu schwindeln. Zuhause war sie brav und fügsam, um den Eltern zu gefallen, um hinter ihrem Rücken trotzdem das zu tun, was sie eigentlich wollte. Früher wäre es ihr nie in den Sinn gekommen, die Eltern zu hintergehen. Aber sie mußte feststellen, daß sie mit offener Ehrlichkeit nicht weiterkam. Und wenn sie sich noch so viel Mühe gab, als anständiges und gutes Mädchen würden die Eltern sie wohl nie anerkennen. Dann war es doch das Beste, es gleich ganz bleiben zu lassen und zu lernen, wie man sich erfolgreich durchschummelte.

Irgendwann dachte Vivi auch nicht mehr weiter darüber nach, wenn sie bei heimlichen Visiten im Einkaufszentrum das eine oder andere klaute, weil sie es gern haben wollte. Sie bekam nur noch so wenig Taschengeld, daß sie ewig hätte sparen müssen, um sich einen Wunsch zu erfüllen; an Weihnachten und zum Geburtstag gab es immer noch die gleichen Geschenke – etwas Neues anzuziehen und ein bißchen Spielzeug, das sie aber schon längst nicht mehr interessierte.

Vivi war als Diebin inzwischen so routiniert, daß sie kaum noch Gefahr lief, erwischt zu werden, und sie stahl immer nur ein Teil auf einmal. Sie hatte gelernt, diese Sachen außerhalb des Hauses zu verstecken, damit die Mutter nicht noch einmal dahinterkam. Wenn sie das Haus verließ, ging sie als erstes zu ihrem Versteck und möbelte sich für die Schule auf – mit Haarschmuck, Glitzerkettchen, Silberringen, Schals und so weiter. Die ausgefallenen neuen Klamotten zog sie meistens erst in der

Schule an; es war ihr doch zu gefährlich, daß jemand sie beim Radfahren so sehen und verpetzen könnte.

Einen Ersatz für die Turnschuhe hatte Vivi auch längst – die Mädchen hatten ihr die neuesten Puma-Sportschuhe „besorgt“ und ihr feierlich überreicht. Inzwischen waren noch ein Paar adidas und ein Paar besonders begehrte Nike-Turnschuhe hinzugekommen, die schweineteuer waren. Darauf war Vivi besonders stolz, es war sozusagen ihr Meisterstück.

Vivi hatte sich nicht nur innerlich verändert; durch die Pubertät änderte sich auch ihr Äußeres. Wie durch ein Wunder blieb sie von Akne verschont, sie nahm nur ein wenig zu, als sich ihre Figur rundete, was aber gut zu ihr paßte. Über Nacht blühte das Mädchen auf. Ihre schönen blonden Haare waren lang geworden und umrahmten ihr herzförmiges, hübsches Gesicht mit den rosigen Wangen und den großen blauen Augen.

Das gereichte ihr natürlich zum Vorteil, wenn sie unterwegs auf der „Jagd“ war. Genau wie ihre liebste Freundin Sabine hatte sie es gelernt, ihr unschuldiges Äußeres einnehmend einzusetzen.

Trotzdem war Vivi nicht von Grund auf raffiniert oder kalt berechnend; nur wenn sie stahl, verwandelte sie sich in eine ganz andere, es war eine rein „geschäftliche“ Angelegenheit für sie. Nach wie vor aber war sie ein sehr gefühlvolles und sensibles Mädchen, das sich verzweifelt nach Liebe und Anerkennung sehnte.

Sie fühlte sich zwar wohl in der Clique, aber das reichte ihr nicht ganz. Das Wichtigste in ihrem Leben waren nach wie vor die Eltern, und Vivi gab die Hoffnung nicht auf, daß sie eines Tages einmal stolz auf sie sein würden.

Noch immer träumte sie von der Wunschfamilie, in der alle glücklich waren. Dort hatte sie auch ein Geschwisterchen, einen kleinen Bruder, den sie so recht verwöhnte und überall mit hinnahm. Auch der Hund spielte in ihrer romantischen Vorstellung noch eine Rolle.

Vivi hatte die Hoffnung natürlich begraben, jemals wieder ein Haustier haben zu dürfen. Auch jetzt noch durchlebte sie manchmal in einem Alptraum das grausame Ende ihres geliebten Goldie. Sie hatte ihren Vater dafür gehaßt, weil es ihm Freude bereitet hatte, das Tier, an dem ihr ganzes Herz hing, zu töten.

Aber er war nun einmal ihr Vater. Er arbeitete viel, auch wenn er manchmal unbeherrscht war und zuviel Bier trank, zu Hause nichts tat außer faul herumzuliegen und sich hinten und vorne bedienen zu lassen. Trotzdem war er etwas Besonderes.

Selbst Petra, die sich immer so cool und selbständig gab, war stolz, wenn ihr „Alter" mit ihrer Mutter zusammen zum Elternsprechtag ging und anschließend die Familie zu McDonalds einlud.

Vivi wäre schon glücklich gewesen, wenn ihr Vater sie einmal bemerkt hätte, und zwar als seine Tochter und nicht als irgend so ein „mißratenes Gör", oder „unnützes, geldverschlingendes Balg, das einem die besten Jahre raubte".

Mama beschäftigte sich wenigstens hin und wieder mit Vivi, erkundigte sich nach der Schule oder erlaubte ihr in besonders guten Momenten, sich am Nachmittag mit den Freundinnen aus Bachweiler zu treffen und zum Kino zu radeln. Aber wie gern hätte Vivi sich einmal im Bett an die Mutter gekuschelt und sie danach gefragt, wie es ist, eine Frau zu sein. Doch das Schlafzimmer war für sie absolut tabu, zu jeder Zeit. Und die Mutter kam nie auf die Idee, sich mal neben Vivi in ihr Bett zu legen und sie in den Arm zu nehmen. Diese Art, offen Gefühle zu zeigen, lag ihr völlig fern. „Eine Mutter muß dafür sorgen, daß die Kinder gesund heranwachsen, etwas zum Anziehen und genug zu Essen haben", sagte sie einmal zu Vivi. „Das wirst du auch lernen: Verantwortung zu tragen."

„Und die Kinder zu lieben?"

„Das ist doch dasselbe, Vivi. Natürlich liebt eine Mutter ihre Kinder. Aber es ist unnatürlich, sie ständig zu verhätscheln, das macht Weichlinge aus ihnen. Ich muß nicht beweisen, mein Kind zu lieben, indem ich es ihm ständig sage, so wie diese Amerikaner in ihren Filmen. Das ist doch völlig übertrieben und unglaubwürdig. Über solche Dinge spricht man nicht, sie sind selbstverständlich. Man darf das nicht überbewerten."

Dabei fand Vivi gerade solche Filme romantisch. Sie kamen ihrer Vorstellung von einer Wunschfamilie schon sehr nahe; vor allem der ungezwungene Umgang in den Fernsehfamilien hatte es ihr angetan. Aber sie mußte einsehen, daß es wohl nur ein amerikanischer Traum war und die Wirklichkeit auch dort ganz anders aussah – wie ihre Mutter gesagt hatte.

Einen Trost gab es für Vivi: Den meisten Freundinnen erging es nicht viel besser. Die Eltern mußten arbeiten, hatten wenig Zeit und waren zu Hause meistens müde oder schlecht gelaunt. Wenn überhaupt noch beide Eltern zusammen waren; einige waren geschieden.

Trotzdem hatte Vivi so viel Liebe in sich, die sie gern verschenkt hätte. Doch sie mußte zurückhaltend sein; ihr emotionaler Überschwang war sogar ihren Freundinnen zuviel. Also sparte sie ihre Gefühle weiterhin auf, für den richtigen Moment. Dann aber würden sie aus ihr hervorbrechen und nicht mehr aufzuhalten sein.

Vivi war jetzt 13 Jahre alt und hatte sich zu einem hübschen Teenager entwickelt.

Es war ein heißer Julitag in den großen Ferien. Vivi hatte wie gewohnt bei einem Bauern geholfen und war in der Nachmittagshitze heimgeradelt. Sie war völlig durchschwitzt und erschöpft, die Haare klebten ihr auf dem Rücken, und sie freute sich auf eine kalte Dusche.

Sie duschte ausgiebig, stellte gerade das Wasser ab und angelte nach dem Handtuch, als ihr Vater plötzlich hereinkam. Vivi war so erschrocken, daß sie sich für einen Moment nicht rührte.

Herbert Andraschek, mit einer Zeitung in der Hand, begann

wie üblich loszutoben: „Verdammt, kann man denn in diesem Haus nicht mal in Ruhe –" Dann verstummte er plötzlich und starrte sie an. „Ja, Vivi, du bist es", sagte er verblüfft. „Ich dachte für einen Moment, Carola ... aber du bist ja gar kein Kind mehr ..."

„Ich bin gleich fertig, Papa", sagte Vivi verstört. „Entschuldige, ich wußte nicht, daß du schon da bist ..." Endlich erwischte sie das Handtuch und hielt es vor sich.

„Aber das macht doch nichts, Vivi ... komm, ich helf dir ..."

„Ach, es geht schon." Vivi wich zurück, als ihr Vater auf sie zukam. Das hatte noch nie etwas Gutes zu bedeuten gehabt. Seit der einen Ohrfeige damals hatte er sie zwar nie mehr geschlagen. Aber es genügte, wenn er drohend auf sie zuging, denn man wußte nie ...

Doch jetzt erlebte sie eine Überraschung. Ihr Vater zeigte sich zum ersten Mal, soweit sie zurückdenken konnte, freundlich. „Es ist mir nie aufgefallen, daß du jetzt schon fast erwachsen bist."

„Ich hab doch gerade erst Geburtstag gehabt, Papa ... ich bin jetzt ein Teenager!"

„Ja, das stimmt ... und habe ich dir wenigstens gratuliert?"

„Na ja, du hast gearbeitet und bist erst sehr spät heimgekommen." Vivi wußte nicht, was sie davon halten sollte. Vorsichtig sog sie die Luft ein, aber er roch nicht sonderlich nach Bier. Betrunken war er sicher nicht. „Papa, ist alles in Ordnung?", fragte sie ängstlich.

„Aber natürlich", fuhr er ärgerlich auf, wurde jedoch gleich wieder sanft. „Ich helfe dir abtrocknen."

„Das mach ich schon, Papa, dann kannst du gleich –"

„Ich mache das aber gern." Vivi hielt das Handtuch mit beiden Händen verkrampft vor sich zusammen, während sie die kräftigen Hände ihres Vaters auf dem Rücken spürte. „Au!", entfuhr es ihr, als er etwas zu heftig rubbelte. Wahrscheinlich würde er jetzt gleich wieder zu schimpfen anfangen, daß sie eine Heulsuse sei, und ein Junge wäre da nicht so zimperlich.

Aber der Vater lachte. „So ein zartes Mädchen, stell dich nicht so an! Du bist trocken, raus mit dir!"

Der Aufforderung kam sie gern nach; sie griff sich ein zweites Handtuch für die Haare und flüchtete in ihr Zimmer, völlig verwirrt. Noch nie war ihr Vater auf diese Weise nett zu ihr gewesen und hatte sie sogar richtig wahrgenommen. Vielleicht war doch etwas nicht mit ihm in Ordnung? Sollte sie mit ihrer Mutter darüber sprechen? Besser nicht, entschied sie sich dann dagegen. Wenn etwas nicht stimmte, wußte sie das sicher. Und Vivi wollte nicht, daß ihr Vater böse wurde, nur weil die Mutter sich Sorgen machte.

Erstaunlicherweise hielt die Freundlichkeit noch an. Auch beim Abendessen zeigte sich der Vater ungewöhnlich gesprächig und guter Laune. Und als Vivi zu Bett ging, kam er noch einmal in ihr Zimmer. Er hatte leichte Schlagseite, weil er bei der Hitze mehr Bier als sonst trank, aber er wirkte nicht düster und bedrohlich.

„Vivi, du solltest nicht immer diese weiten Schlabbersachen tragen“, sagte er. „Da siehst du unförmig drin aus, wie ein Sack. Du bist ein hübsches Mädchen, wieso zeigst du nicht, was du hast?“

Vivi blinzelte verunsichert. „Aber ich habe doch immer diese Sachen an …“

„Dann werde ich eben mal mit dir einkaufen gehen, so kannst du nicht mehr herumlaufen. Was sollen denn die Leute denken! Daß ich ein zurückgebliebenes Kind habe, oder was?“

„Ich verstehe nicht, Papa …“

Herbert Andraschek seufzte. „Hör zu, Vivi, ich weiß, daß ich in der Vergangenheit nicht allzu nett zu dir gewesen bin. Aber das liegt einfach daran, daß ich mit kleinen Kindern nichts anfangen kann. Dauernd heulen sie, quengeln oder machen etwas kaputt. Aber du bist doch jetzt schon ein großes Mädchen, hm, was? Da kann ich doch mal anfangen, dich ein bißchen zu verwöhnen. Deine Mutter liegt mir ohnehin seit Jahren in den Ohren, daß ich mich zu wenig um dich kümmere. Was meinst du, Vivi, wollen wir das nachholen?“

„Ja … gern …“ Vivi wußte nicht, wie sie sich verhalten sollte. So kannte sie ihren Vater nicht, und das machte ihr Angst. Dieser plötzliche Sinneswandel ging über ihr Begriffsvermögen.

„Jetzt schlaf, wir reden ein andermal weiter.“ Herbert Andraschek schloß die Tür.

Vivi war sicher, daß diese Freundlichkeit nicht lange anhalten würde. Aber ein Wunder geschah – die Verwandlung in einen richtigen Vater schien auf Dauer zu sein.

Er wurde zwar weiterhin regelmäßig ärgerlich, weil das Essen zu spät auf den Tisch kam, zu kalt oder zu heiß war, aber das hielt nie lange an. Und er brütete auch nicht mehr dumpf über seinem Teller, sondern erkundigte sich nach der Schule, nach ihren Freundinnen. Einfach nach allem, was mit Vivi zu tun hatte. Anfangs wußte sie kaum etwas zu erzählen, sie war viel zu mißtrauisch. Sie glaubte immer noch, daß nichts Gutes dabei herauskommen konnte.

Carola Andraschek war gleichfalls über die Veränderung ihres Mannes erstaunt und stellte ihn zur Rede: „Du warst doch derjenige, der sich am meisten über sie aufgeregt hat."

„Aber das kann doch nicht ewig anhalten. Das Mädchen hat auch mal 'ne Chance verdient, findest du nicht?"

„Ich will trotzdem nicht, daß sie sich zu viel mit ihren Freundinnen trifft, die haben einen schlechten Einfluß auf sie. Und ich bin mir nicht sicher, ob Vivi nicht immer noch klaut."

„Hast du Beweise?"

„Nein, natürlich nicht. Ich habe ihr Zimmer schon mehrmals durchsucht, aber nichts gefunden. Sie wird die Sachen irgendwo verstecken."

„Oder sie ist wirklich brav! Warum nimmst du immer nur das Schlechteste an?"

„Herbert, ich erkenne dich nicht wieder! Du hast mir doch immer Vorhaltungen gemacht, daß ich das Mädchen zu sehr verhätschle!"

„Und jetzt ist sie alt genug, daß ich diese Aufgabe übernehmen kann. Hast du schon mal gesehen, was sie anhat? Solche Sachen sind doch nicht mehr zeitgemäß für sie! Carola, du mußt akzeptieren, daß sie kein Kleinkind mehr ist!"

„Das weiß ich doch. Aber ich will nicht, daß die Jungs zu früh auf sie aufmerksam werden."

„Das will ich auch nicht. Und deshalb werde ich von jetzt an auf sie achten. Das ist doch die Aufgabe eines Vaters, oder nicht? Aber deswegen sollte sie nicht verstecken müssen, daß sie hübsch ist. Ich will meine Tochter doch herzeigen können. Und zum Verstecken sieht sie wirklich nicht aus."

Carola Andraschek zuckte die Achseln. „Es freut mich, daß du das Kind endlich mal anerkennst und die Verantwortung dafür übernehmen willst. Aber fang jetzt bloß nicht an, sie hinten und vorne zu verwöhnen!"

„Was ich tue, ist meine Sache!", brauste Herbert Andraschek auf.

„Und ich habe dann wieder das Geschrei, daß Vivi sich wie eine Prinzessin aufführt!", keifte Carola zurück. „Und noch etwas: Wenn du deiner Tochter etwas zum Anziehen kaufen willst, dann von deinem Geld! Mein Haushaltsgeld reicht für solche Eskapaden nicht!"

„Das hab ich doch nicht nötig, mein sauer verdientes Geld

von dir wieder zurückzupumpen!", brummte Herbert. „Für meine Tochter wird's schon langen, was ich noch übrig habe!"

„Ja, wenn du's ausnahmsweise mal nicht versäufst oder verhu–" Carola verstummte rasch, als Herbert die Hand hob.

„Ein Wort, und du kannst deine Zähne vom Boden aufsammeln", knurrte er. „Du hast mir gar nichts vorzuwerfen, kapiert? Irgendwann werd' ich's in deinen Schädel reinprügeln, daß ich der Mann bin und das Sagen habe, und du hast zu spuren!"

„Ach, laß mich doch in Ruhe", sagte sie müde. „Du kannst mich nicht mehr damit verletzen, ich hab mich dran gewöhnt." Dann flackerte noch einmal der Widerstandsgeist in ihr auf: „Aber daß du deinen Mund hältst, das kann ich verlangen! Denn ich bin es doch, die schief angeschaut wird, nicht du!"

„Ja, schon recht, dann hör auch du auf, immer auf Gertas Tratscherei zu hören und jedes Wort für bare Münze zu nehmen. Koscher ist die nämlich auch nicht, laß dir das gesagt sein!"

„Was soll das denn heißen?"

„Daß sie auch kein Kind von Traurigkeit ist, das soll es heißen. Ihr Paulchen ist nämlich nicht von Heinz!" Er grinste über ihr fassungsloses Gesicht. „Da staunste, was? Er hat's mir selber gesagt. Hat einen Vaterschaftstest machen lassen, und der war negativ! So ist die Lage!"

Carola saß wie erschlagen da.

Herbert machte es Vergnügen, sie weiter zu quälen. „Soll ich auch so 'nen Test machen lassen?"

„Vivi ist von dir, und das weißt du genau“, murmelte sie tonlos.

„Bah, ist auch vollkommen wurscht“, winkte er ab. „Wir haben geheiratet, also ist sie auch meine Tochter, erst recht nach so langer Zeit. Das werd’ ich auch Heinz sagen, weil er seitdem mit Paulchen nicht mehr Fußballspielen geht, aber damit macht er sich doch nur lächerlich. Und mit der Kleinen werd’ ich in den Ferien was unternehmen, jetzt erst recht! Nicht daß es auch noch heißt, du hättest mir Hörner aufgesetzt, und ich würd’ mich deswegen nicht ums Kind kümmern –“

„Ach, darum geht’s dir also auf einmal? Nur darum?“

„Ist mir völlig egal, wie du das siehst. Ich werd’ meine Vaterpflichten jedenfalls wahrnehmen, wie es sich gehört.“

7.

Herbert Andraschek ging mit Vivi sogar zum Baden. Sie konnte es gar nicht fassen, daß ihr Vater auf einmal Zeit für sie hatte und sich dafür interessierte, was sie gern unternehmen wollte.

In seiner Firma war im Moment nicht so viel zu tun wie sonst, und er hatte nicht selten schon ab mittags frei. Die ersten paar Tage verbrachte er lieber mit dem üblichen Nichtstun, aber irgendwann fiel ihm auf, daß Vivi nicht viel mit sich anzufangen wußte. Beim Bauern war sie nur bis mittags, und Vivi hatte keine Lust mehr, danach mit den anderen zu spielen. Seit sie in der Clique war, hatte sie sich mehr und mehr von den Dorfkindern entfremdet.

Mit ihren Freundinnen durfte sie sich zwar nicht treffen, aber sie telefonierten viel miteinander, und danach war Vivi manchmal traurig.

„Weißt du was, Vivi, wir fahren mit den Rädern zum Weiher und baden dort ein bißchen, was hältst du davon?“, schlug der Vater eines nachmittags vor.

Vivi machte einen Luftsprung vor Freude. „Toll! Kommt Mama auch mit?“

„Ich glaube nicht, daß sie Lust dazu hat. Reicht dir dein alter Vater nicht?“

„Doch, natürlich. Fahren wir gleich los?“

Herbert erhob sich vom Sofa, das beantwortete Vivis Frage. Sie sauste nach oben, um ihre Badesachen zu packen, und war schon auf dem Hof, bevor der Vater es überhaupt geschafft hatte, eine Hose anzuziehen. Das Hemd ließ er gleich weg, es war viel zu heiß, und er hätte es in Sekunden naßgeschwitzt.

Vivi legte beim Radeln ein ordentliches Tempo vor; sie war voll jugendlichem Überschwang und konnte es gar nicht erwarten. Und ihr Vater war mit dabei! Ihr größter Wunsch war in Erfüllung gegangen!

Sie erreichte den Weiher als erste und hatte schon Matten und Badetücher ausgebreitet, als Herbert Andraschek eintraf.

„Wie kannst du bei der Hitze nur so lostoben? Ich komme ja jetzt schon wieder um vor Durst“, keuchte er, während er abstieg. Er hatte zum Glück eine Kühlbox mit seinem geliebten Bierchen mitgenommen.

„Kommst du mit ins Wasser?“, fragte Vivi.

„Nein, spring nur rein. Ich befeuchte mich lieber von innen.“ Er öffnete die erste Flasche und beobachtete Vivi, als sie sich auszog. Sie trug einen neonfarbenen Bikini, der ihr gut stand. Mit einem Satz war sie im Wasser und plantschte glücklich lachend herum.

Schließlich kam sie tropfnaß heraus, stellte sich neben ihren Vater und schüttelte die langen Haare über ihm aus.

Er fuhr hoch, erwischte sie jedoch nicht mehr. Lachend wich sie den zupackenden Händen aus. „Zur Abkühlung!“, rief sie fröhlich. Dann legte sie sich neben ihn auf den Bauch, um sich von der Sonne trocknen zu lassen.

Herbert Andraschek wühlte in der Badetasche und fand schließlich das gesuchte Sonnenöl.

„Du mußt dich unbedingt eincremen, sonst bekommst du einen Sonnenbrand“, meinte er. Er kippte Öl auf seine Hand und rieb behutsam ihren Rücken damit ein.

„Papa, du hast ja Schwielen an den Händen“, beschwerte sie sich.

„Natürlich, ich bin ja auch beim Bau. Aber mit dem Öl geht es doch, oder?“

„Sehr gut. Du hast ziemlich große Hände, da bist du gleich fertig.“

„So etwas muß gründlich gemacht werden, Vivi, mit einem Sonnenbrand ist nicht zu spaßen.“

„Aber ich habe doch schon Farbe!“

„Trotzdem.“

Er fuhr fort, sie einzureiben. „Was machst du?“, fragte Vivi, als er die Schließe des Bikinioberteils öffnete.

„So komme ich besser dran, außerdem gibt es keinen häßlichen weißen Streifen“, antwortete er. „Das ist doch gleich angenehmer, oder nicht?“

„Hm-hm.“ Vivi hatte das Kinn auf den Handrücken gestützt und döste vor sich hin. Sie empfand die Sonne als angenehm, und die Berührung der väterlichen Hand tat ihr gut, es war wie eine Liebkosung. Ihm schien es auch zu gefallen, denn er hörte gar nicht mehr auf.

Sie kicherte, als er ihr Höschen von den Seiten in die Pofalte schob. „Soll das auch keinen weißen Streifen geben?"

„Den haben doch nur kleine Mädchen", erwiderte Papa. Er rieb ihren kleinen Hintern sehr sorgfältig ein, was Vivi als überaus angenehm empfand. Nur, als er mit dem Daumen zufällig irgendwie zwischen die Beine geriet, kicherte sie erneut.

„Das kitzelt, Papa."

„Entschuldige, ich bin abgerutscht." Herbert Andraschek widmete sich jetzt den Beinen; bei den Füßen angefangen arbeitete er sich langsam nach oben vor, auch an den Innenseiten der Schenkel, bis zum Höschen hoch, wo er kurz verweilte. Dann gab er ihr einen zarten Klaps auf den Po. „Fertig. Jetzt sonn dich."

Vivi seufzte wohlig und schlief ein. Irgendwann wurde es ihr unangenehm auf dem Bauch; sie verschloß automatisch den Bikini wieder und drehte sich, immer noch halb schlafend, um.

„Bleib nur ruhig liegen", hörte sie ihren Vater sagen. „Ich reibe deinen Bauch ein."

Sie zuckte zusammen, als sich die große, schwere Hand auf ihren Bauch legte, entspannte sich aber sofort wieder. Ihr Vater rieb das Öl mit derselben Hingabe wie zuvor ein, zog ein bißchen hier am Höschen, zupfte dort am Bikini, aber nie so, daß es Vivi unangenehm wurde.

„Du bist ein sehr hübsches Mädchen, Vivi“, sagte Papa. „Wirklich, du solltest keine so weiten Sachen mehr tragen. Im Bikini kommt alles gut zur Geltung.“

Vivi öffnete die Augen, als ihr Vater plötzlich aufstand. Er schwitzte heftig, die Sonne machte ihm wohl zu schaffen. „Ich muß das Bier loswerden“, sagte er. „Ich komme gleich wieder.“

Vivi nickte, ließ den Kopf wieder sinken und döste ein.

Die Fahrt zum Weiher wurde fast zum täglichen Ritual. Carola Andraschek beschwerte sich einmal, daß Vivi immer nur unterwegs sei, aber als die Tochter vorschlug, doch einfach mitzukommen, lehnte sie ab. Sie mochte kein Wasser, und zum Sonnen war sie zu unruhig, sie konnte sich nicht entspannen.

Vivi glaubte, den schönsten Sommer aller Zeiten zu erleben. Ihr Vater war wie ein guter Freund; er hörte ihr zu, wenn sie etwas erzählte, und lachte über irgendwelche lustigen Geschichten aus der Schule. Er zeigte sich stets aufmerksam, und manchmal legte er sogar seinen Arm um sie und gab ihr einen Kuß auf die Wange oder sogar auf den Mund.

Vivi war es völlig egal, wie es zu dem plötzlichen Sinneswandel gekommen war. Sie war glücklich, daß ihr Vater endlich seine Liebe zu ihr entdeckt hatte und seine Gefühle nicht hinterm' Berg hielt. Er spielte mit ihr, nahm sie in den Arm, kitzelte sie, bis sie vor Vergnügen quietschte. Er rieb sie mit dem Handtuch ab, wenn sie aus dem Wasser kam, und ölte sie anschließend sehr sorgfältig ein. Manchmal kam er dabei an Stellen, wo sich

Vivi etwas genierte, aber sie traute sich nichts zu sagen, um ihn nicht zu verärgern.

Genau genommen kam das sogar immer öfter vor, aber es tat nicht weh, und sie verhielt sich einfach so, als wenn nichts wäre.

„Eigentlich könntest du doch dein Oberteil ausziehen", schlug Papa ihr eines Tages vor. „Hier sieht dich niemand."

„Ich weiß nicht ...", zögerte Vivi.

Er lachte. „Vor mir brauchst du dich nicht zu genieren, ich bin dein Vater! Ich weiß, wie du aussiehst, seit du ein Baby warst!"

„Ach, es geht schon so."

„Sei nicht dumm, Vivi, du willst doch rundum braun werden und vor deinen Freundinnen angeben können!"

Das reizte Vivi schon. Bei den früheren Wettbewerben um die tiefste und streifenfreieste Bräune war sie immer als „Schafskäse" ausgelacht worden. „Also gut. Aber ich schmiere mich selber ein!"

„Das entscheide immer noch ich", sagte Herbert Andraschek in strengem Ton. „Leg dich zurück und schließ die Augen, ich öle dich wie immer ein."

Ein komisches Gefühl hatte Vivi schon, als ihr Vater in diesem Moment seine Hand auf ihren Bauch legte. Dann ließ er Öl auf ihre rechte Brust tröpfeln und begann dort zu reiben. „Papa, was machst du da?", fragte sie.

„Da ist die Haut am empfindlichsten, das ist ganz besonders wichtig. Ist es gut so für dich? Magst du es so?"

Vivi wußte nicht recht. Irgendwie hatte sie das Gefühl, als sollte Papa das besser nicht tun. Sie war eigentlich schon zu alt dafür. Wenn Mama dabei wäre, würde er es sicher nicht tun, denn sie mochte solche Sachen überhaupt nicht. Aber er wußte es sicher besser, wie gefährlich die Sonne war.

Jetzt war die linke Brust dran, und Vivi öffnete die Augen, als sie ihren Vater komisch schnaufen hörte.

„Papa?“, fragte sie ängstlich. Sie hob den Kopf, konnte ihn aber nicht richtig sehen, weil er ein Stück abgerückt war, außerdem schien ihr die Sonne voll ins Gesicht. Es kam ihr so vor, als würde er sich bewegen, oder zucken oder so. Ihr wurde unheimlich. „Du kannst aufhören, Papa, ich glaube, das reicht schon.“

„Ja ... gleich ...“, stöhnte er. Plötzlich zog er mit einem Ruck die Hand zurück und sank keuchend auf das Badetuch zurück.

„Papa, ist dir nicht gut?“ Vivi richtete sich auf. „Hast du Bauchweh?“ Er hatte die Hose aufgemacht, darüber wölbte sich der dicke Bauch, und schnappte nach Luft. Zaghaft berührte sie seine nackte Brust. „He, Papa?“

Sein Atem beruhigte sich. Er griff nach ihrer kleinen Hand und streichelte sie. „Ist alles in Ordnung, kleiner Schatz“, sagte er. „Du bist wunderbar. Aber jetzt sollten wir heimgehen, bevor Mama sich Sorgen macht.“

Vivi nickte. Sie war ganz froh, von hier wegzukommen. Sie zog sich schnell an und räumte die Sachen zusammen. Als sie zu den Rädern gingen, nahm Papa sie noch einmal an der Hand.

„Hör mal, Vivi, das bleibt unter uns, nicht wahr? Wir sind doch jetzt Freunde, und da erzählst du nicht mehr alles weiter, oder?“

Vivi schüttelte den Kopf. Sie hatte anfangs mal den Versuch gemacht, Mama ein wenig zu erzählen, aber sie hatte sich nicht sonderlich dafür interessiert. Außerdem hätte sie nicht gewußt, was sie ihr jetzt sagen sollte. Mit Papa war alles in Ordnung, und daß sie oben ohne gebadet hatte, wollte sie nicht unbedingt rumposaunen, da genierte sie sich. Auch, daß Papa sie immer einrieb. Sie wollte das sowieso lieber selbst tun, aber dann wäre er vielleicht böse geworden und hätte sich gar nicht mehr um sie gekümmert. Vivi hatte keine Erfahrung mit Eltern, die einem plötzlich zeigten, daß sie ihr Kind liebhatten. In ihrer Wunschwelt hatte sie sich das alles ganz einfach vorgestellt, aber die Wirklichkeit war eben doch ganz anders.

„Bist ein gutes Mädchen“, sagte Papa. Er hob Vivi hoch, um sie zu umarmen, und küßte sie innig auf den Mund. „Ich liebe dich, meine kleine Tochter, weißt du das?“

Vivi wurde es schwindlig. Das hatte er noch nie zu ihr gesagt. Bisher hatte er sie nur als unnütz und Balg beschimpft. Wie lange hatte sie es sich gewünscht, daß er so zärtlich zu ihr war, wie ein Vater eben sein sollte! Und ihr sagte, daß er sie liebte! Ihr Herz quoll über vor Glück und Liebe, die Gefühle strömten nur so aus ihr heraus. Sie schlang die Arme um seinen Hals. „Ich hab dich auch lieb, Papa“, flüsterte sie selig.

So verging der Sommer. Vivi fand es inzwischen nicht mehr unheimlich oder komisch, wenn Papa sie liebevoll einrieb und dabei auch mal aus Versehen unter ihr Höschen geriet. Er hatte ihr vieles erklärt, zum Beispiel, daß er solange gebraucht habe, um ihr zu sagen, wie gern er sie habe, weil er immer soviel arbeite. Erst in diesem Sommer, als er gesehen habe, wie groß Vivi schon war, habe er endlich gemerkt, daß er sich ändern müsse. Weil Vivi nämlich sonst bald erwachsen sei und aus dem Haus ginge, und das würde ihm das Herz brechen.

Er sagte Vivi viele Dinge, und alles leuchtete ihr irgendwie ein – weil sie es natürlich nicht besser wußte. Sie konnte und wollte mit niemandem darüber sprechen; sie hatte Angst, daß dann alles zerstört würde. Ihr Papa gehörte ihr ganz allein, und niemand brauchte zu wissen, daß er mit ihr so gern schmuste. Mama mochte so etwas nicht, sie schmuste nie mit Vivi und hätte es wahrscheinlich nicht gut gefunden, wenn Papa es tat. Aber Vivi wollte auf die väterliche Zärtlichkeit nicht mehr verzichten, sie schwebte im Glück.

Außerdem fand sie inzwischen nichts mehr dabei. So machte man es eben, wenn Eltern mit ihren Kindern schmusten, das hatte sie sich doch immer ersehnt. Wahrscheinlich war es ihr am Anfang nur deswegen komisch vorgekommen, weil sie keine Erfahrung damit gehabt hatte. Aber jetzt holten Papa und sie alles nach. Sie war glücklich darüber, sich an ihn schmiegen zu können und von ihm gehalten zu werden. Oft sagte er „mein kleines Mädchen, mein Baby“, und dann streichelte er sie ganz besonders lieb und wollte wissen, ob sie es so gern hätte, und natürlich sagte sie nie nein, um ihn nicht zu verletzen.

Irgendwann hatte ihr Vater darum gebeten, daß auch sie ihn einölte, schließlich wolle er auch keinen Sonnenbrand kriegen, und es sei nur recht und billig, wenn sie ihn auch ein bißchen verwöhnte.

Anfangs ekelte sich Vivi zwar ein bißchen vor dem dicken Bauch und den vielen Haaren, aber das gab sich schnell. Papa trug jetzt eine kurze Hose und wollte, daß sie auch seine Beine einrieb, obwohl die ganz behaart waren. Dann war er kitzlig und lachte, und sie rauften miteinander, wobei Papa sich meistens von der wendigen kleinen Vivi unterkriegen ließ. Seine Hände waren überall und kitzelten sie, und sie kreischte dann vor Lachen, und suchte bei ihm immer neue Stellen, wo er kitzlig war. Ihr Oberteil trug sie längst nicht mehr, und sie merkte es kaum, wenn ihr Höschen verrutschte.

Vivis Vater war auf wundersame Weise ihr bester Freund geworden, mit dem sie sozusagen Pferde stehlen konnte. Mama hielt sich immer aus allem heraus; nur sehr selten stellte sie eine Frage. Aber sie schien froh zu sein, daß ihr Mann jetzt nicht mehr so oft abends wegblieb und viel bessere Laune hatte. Überhaupt stritten Mama und Papa jetzt viel seltener, und das machte Vivi besonders glücklich. Schließlich konnte Mama sogar dazu überredet werden, mit ins Einkaufszentrum zu fahren und neue Kleider zu kaufen – auch für sich selbst.

Es war ein schöner Tag, und Vivi platzte fast vor Stolz, als sie mit Mutter und Vater an der Seite durch das Einkaufszentrum stelzte und allen zeigte, daß sie eine glückliche Familie waren, und daß sie sich alle liebten. Sie traf sogar einige Freundinnen von der Clique, die natürlich allein unterwegs waren. Vor allem Andrea blieb der Mund weit offen stehen, als sie die braun gebrannte und glückliche Vivi mit ihren Eltern zusammen sah – beim Einkaufen! Die Mutter trug bereits jede Menge Tüten, und es war immer noch nicht genug.

Als die Schule wieder anfing, ging Vivi leichten Herzens hin. Sie freute sich, die Clique wieder vereint zu treffen und ihnen zu erzählen, was sie alles erlebt hatte. Natürlich nicht bis ins Detail, das ging nun niemanden etwas an. Das war ein Geheimnis zwischen ihr und Papa, sie hatte es schwören müssen. Natürlich würde sie dichthalten, schließlich war sie keine Petze.

Sie sagte niemandem, daß sie inzwischen mit ihrem Vater gemeinsam gebadet hatte – ohne jegliche Kleidung. Und daß er sie sehr lieb gestreichelt hatte, und daß dann plötzlich etwas ganz Hartes und Dickes zwischen ihren Beinen gewesen war. Es hatte ihr sehr wehgetan und sie hatte geweint, aber Papa hatte sie getröstet und geküßt und ihr gesagt, daß es nicht immer so sei. Daß es ein ganz schönes und wunderbares Spiel sei, wie es nur Väter und Töchter spielen könnten, und daß man nie-, absolut niemals darüber sprechen dürfe, sonst wäre das ganze Spiel verdorben, und er wäre dann sehr traurig und könne nie mehr lieb zu ihr sein und mit ihr einkaufen gehen. Alles wäre dann zerstört. Und es sei doch nicht so schlimm, oder? Sie dürfe es auch mal anfassen, was ihr wehgetan habe, um festzustellen, daß es gar nicht so schlimm sei, ein prima Spielzeug, das mal ganz groß wurde oder sich ganz klein versteckte.

Und weil Vivi das Geheimnis bewahrte, holte Papa sie öfter von der Schule ab und ging mit ihr einkaufen oder zu seinen Kumpels in die Kneipe, um ihnen seine große Tochter vorzustellen. Er zeigte sich als sehr stolzer Vater und erlaubte ihr sogar, vom Bier zu nippen. Sie kam sich dabei sehr bedeutend und erwachsen vor, und sie freute sich über die Komplimente von Papas Kumpeln.

Vivi hatte jetzt immer weniger Zeit für die Clique, und es war auch nicht mehr möglich, etwas anderes vorzuschieben, wenn ihr Vater sie abholte. Petra und Sabine beobachteten Vivi argwöhnisch und versuchten herauszufinden, was sie mit ihrem Vater alles machte. Aber sie erzählte nichts von dem „schönen Spiel", das sie jetzt immer öfter spielten – zur Belohnung, weil Vivi so brav war, wie Papa sagte. Sie hatte zwar immer noch kein Vergnügen daran, es tat weiterhin weh, aber sie wollte ihren Vater nicht verletzen, wo er sich doch so viel Mühe gab. Sie nahm sich tapfer zusammen und schluckte die Tränen hinunter, nur manchmal, wenn es zu schlimm wurde, entrang sich ihr ein leises Wimmern.

„Du hast dich ziemlich verändert", stellte Petra schließlich unverblümt fest. „Du bist überhaupt kein kleines Mädchen mehr."

„Das bin ich auch nicht", erwiderte Vivi, „schließlich werde ich nächstes Jahr im Sommer schon vierzehn!"

„Aber du bist trotzdem so anders", beschwerte sich auch Sabine. „Du redest nur noch von deinem Papa, wie toll er ist, und gibst damit an! Das war doch früher nicht so, da hat er dir eher eine gescheuert!"

„Aber jetzt tut er's nicht mehr, und das ist doch wohl besser!", gab Vivi patzig zurück. „Ihr seid nur neidisch, weil eure Väter nicht so nett sind!"

„Wie nett ist er denn eigentlich?", hakte Petra nach.

„Er geht mit mir einkaufen, oder nimmt mich mit in die Kneipe. Er ist bei weitem nicht mehr so streng wie früher!"

„Ach ja? Dann bitte ihn doch mal darum, daß du nach der Schule mit uns zusammenbleiben darfst!"

Das tat Vivi, und zu ihrem Erstaunen gestattete es ihr der Vater. „Aber nicht allzu oft, und wenn du dich mit Jungs triffst, setzt es was!", mahnte er.

„Herbert, wie kannst du Vivi nur mit diesen Mädchen rumziehen lassen!", rief die Mutter empört. „Dann geht sie doch nur wieder stehlen!"

„Nein, das tue ich nicht mehr, ich schwöre es!", verteidigte sich Vivi. Das stimmte auch. Seit ihr Vater so großzügig war, hatte sie keinen Grund mehr dazu. Sie hatte sogar ihren gesamten Schatz an die Freundinnen verschenkt.

Der Mutter paßte es allerdings gar nicht, daß Vivi jetzt öfter nach der Schule nicht heim kam und mit ihren Freundinnen unterwegs war.

„Wer ist noch alles dabei?", verlangte sie genaue Auskunft. „Und wo geht ihr hin?"

„Ach, wir fahren meistens ins Einkaufszentrum, da gibt's ein Café, oder wir gehen nur so bummeln", antwortete Vivi. „Da ist wirklich nichts dabei, Mama, das machen doch alle."

„Wer ist alle? Wer ist noch mit dabei?", hakte Mama nach.

„Wirklich nur wir Mädchen, wer sollte denn sonst dabei sein?", fragte Vivi verwundert zurück.

„Na, irgendwelche Jungs! Diese ... Petra, oder wie sie heißt, die ist doch schon 15! Die hat bestimmt schon einen oder mehrere Freunde!"

Vivi hob die Schultern. „Ja, der Sascha ... aber den find ich ziemlich doof ... ich mag eigentlich keine Jungs, die reden immer schlecht über uns. Sie sagen, daß wir immer nur blöd rumkichern, und so."

„Ist das auch die Wahrheit?" Mama meinte nicht das Kichern, sondern daß nur die Clique unterwegs war.

„Ja klar, wieso?"

Vivis aufrichtig unschuldiges Gesicht schien die Mutter zu überzeugen.

„Na, dann ist es ja gut."

„Mama, ich verstehe die ganze Fragerei nicht. Was soll denn mit den Jungs sein?"

„Sie sollen dir nicht zu nahe kommen, das soll sein. Ich will nicht, daß du dich mit ihnen herumtreibst, das tut ein anständiges Mädchen nicht.“

Jetzt begriff Vivi endlich. „Das sagt Papa auch immer“, lachte sie. „Er wird fuchsteufelswild, wenn auch nur einer ein Wort zu mir sagt!“

„Aber Papa ist doch nicht immer dabei, oder?“, beharrte Mama. „Vivi, es wäre mir lieb, wenn du dich mehr um die Schule kümmern würdest als um deine Freundinnen. Die haben keinen guten Einfluß auf dich!“

Das machte Vivi wütend. „Das sagst du immer!“, warf sie der Mutter vor. „Dabei kennst du sie doch gar nicht! Papa findet sie nämlich nicht so schlecht wie du!“

„Dann werde ich eben mit deinem Vater darüber sprechen.“

Das tat Carola Andraschek auch, aber dabei kam es wieder einmal zu einem fürchterlichen Streit. Herbert Andraschek schrie sie zusammen, was sie sich einbilde. Wieder einmal pochte er auf seine Recht als Mann, und daß ihre Aufgabe Heim und Herd sei. Er könne schon allein auf seine Tochter aufpassen, und man könne das Kind doch nicht ständig einsperren, nur weil der Mutter der Umgang nicht passe.

Nach diesem Streit war Vivi sehr traurig. Sie wollte nicht, daß die Eltern wegen ihr Krach bekamen, und sie bat ihren Vater, doch nicht böse auf die Mutter zu sein. Daraufhin schrie er auch noch sie zusammen.

Vivi war daraufhin so verstört, daß sie über Nacht Fieber bekam. Sie verstand die Welt nicht mehr. Sie hatte geglaubt, daß ihr Vater sich geändert hätte. Warum war er jetzt auf einmal wieder so böse? Es hatte doch niemand etwas Schlimmes getan!

Carola mußte ihre Tochter in der Schule krank melden, woraufhin natürlich ab Nachmittag das Telefon ging und eine Freundin nach der anderen wissen wollte, was Vivi hatte und wie es ihr ging. Sie hatte noch nie gefehlt.

Am Abend kam der Vater in Vivis Zimmer; sie lag immer noch im Bett, obwohl das Fieber inzwischen gesunken war. Aber sie verspürte keinen Drang, aufzustehen. Sie fürchtete sich vor dem, was geschehen mochte.

„Hallo Vivi", begann Herbert Andraschek, nachdem er sich zu ihr ans Bett gesetzt hatte. „Geht's dir besser?"

Sie antwortete nicht. Sie hatte ein Schmollgesicht, und ihre Stupsnase wirkte jetzt überhaupt nicht fröhlich. Ihre Finger spielten mit dem Bettbezug."

„Ach, Vivi, nun mach doch nicht so'n Drama draus", fuhr der Vater fort. „Niemand ist vollkommen, auch ich nicht. Ich weiß, daß ich dir Unrecht getan habe, aber ich bin doch auch nur ein Mensch! Deswegen brauchst du doch nicht gleich krank zu werden!"

„Ich hab gedacht, du bist nicht mehr so", murmelte sie.

„Wie bin ich denn? Ein Mensch, nicht mehr und nicht weniger! Hab ich doch gerade gesagt, hörst du nicht zu?"

„Du wirst schon wieder böse.“ Vivi machte Anstalten, sich mit dem Gesicht zur Wand zu drehen.

„Vivi, hör auf die Beleidigte zu spielen!“, sagte er im Befehlston und griff nach ihrer Schulter. Sie zuckte zusammen, und der Ausdruck, mit dem sie ihn ansah, war der einer verängstigten Maus. „Hast du gedacht, ich schlag dich jetzt?“, fragte er verblüfft.

Ihre Augen verschwammen. „Ich weiß nicht ... ich hab' Angst vor dir, wenn du so bist ...“

Er zog die Hand zurück und seufzte. „Vivi, sei doch nicht so empfindlich“, brummte er. „Du machst aus 'ner Mücke 'nen Elefanten, weißt du das? Du bist doch schon groß und benimmst dich immer noch wie 'ne Heulsuse. So mag ich dich gar nicht.“

„Und ich mag dich nicht, wenn du laut und böse bist!“, gab sie erbittert zurück. „Ich dachte, wir sind Freunde, das hast du gesagt!“

„Das sind wir auch, daran hat sich nichts geändert!“, beteuerte er. „Vivi, jetzt versteck dich doch nicht vor mir. Komm, sei wieder gut. Ich will auch alles tun, was du willst. Schau, ich bin wieder ganz lieb zu dir.“ Seine Hand glitt unter die Bettdecke und streichelte sie.

„Laß mich, ich mag das jetzt nicht“, wehrte Vivi ab.

„Na schön, wie du willst. Ich mach dir 'nen Vorschlag: Du bleibst morgen noch zu Hause, und ich bleibe auch da und werde mich um dich kümmern. Dann machen wir uns einen schönen Tag, ja? Mama kommt morgen später, und dann bist du nicht allein. In Ordnung?"

„Ich will aber lieber wieder in die Schule gehen." Der Gedanke, mit ihrem Vater allein zu sein, behagte Vivi gar nicht. Sie wollte nicht ständig „schöne Spiele" mit ihm spielen oder sogar mit ihm baden. Ihr Vater wollte das andauernd, er hatte gar nichts anderes im Kopf, sobald sie allein waren. Aber dem Mädchen wurde das zuviel, es hatte stets ein bißchen Angst dabei, und außerdem tat es immer noch sehr weh, wenn er sein Ding in sie hineinsteckte. Es machte ihm auch gar nichts aus, wenn sie ihre monatliche Sache hatte.

„Ein Tag Ruhe täte dir sicher noch gut."

„Es ist aber wichtig, Papa. Ich will doch die zehnte Klasse auch noch machen, und da fangen die Vorbereitungen in Sonderkursen jetzt schon an."

„Wozu das denn?"

„Dann bekomme ich leichter eine Lehrstelle. Sonst wird es schwer mit einer Arbeit, weißt du."

Herbert Andraschek schaute unzufrieden, aber er akzeptierte es. Vivi durfte am nächsten Morgen wieder in die Schule, wo sie von ihren Freundinnen bereits sehnsüchtig erwartet wurde.

Die Beanspruchung durch ihren Vater begann nach einiger Zeit, Spuren bei Vivi zu hinterlassen. Ihre Leistungen in der Schule ließen nach, und sie wurde nachts von Alpträumen, oft auch tagsüber von plötzlichen Angstgefühlen geplagt. Es konnte passieren, daß sie mit ihren Freundinnen zusammen saß und fröhlich lachte, im nächsten Moment jedoch wie ausgewechselt war. Und zwar meistens dann, wenn sich die Jungs dazu gesellten und mit den anderen herumschäkerten. Ein solcher Anblick war Vivi sehr unangenehm; sie war bereits als „Rührmichnichtan" verschrien, obwohl sie schon vierzehn war. Aber sie wollte von Jungs nichts wissen, wohingegen ihre – allerdings auch älteren – Freundinnen gar nicht genug kriegen konnten.

Die Clique begann auseinander zu bröckeln. Die Freundschaft blieb zwar erhalten, aber sie war nicht mehr so innig und nach außen hin abgeschottet. Allmählich fingen die Mädchen an, eigene Wege zu gehen und Pläne zu schmieden, was sie später machen wollten. Wenn sie etwas zusammen unternahmen, waren die Jungs immer mit dabei, und Vivi fühlte sich irgendwie als das fünfte Rad am Wagen. Manchmal erbarmte sich einer und begleitete sie, aber sie zeigte sich weiterhin abweisend, und so hatte der Geduldigste irgendwann keine Lust mehr.

Vivi wurde nach wie vor oft von ihrem Vater abgeholt und war deshalb ebenfalls dem Spott der anderen ausgesetzt.

Wenn sie dann einmal vor ihrem Vater sicher war, weil er arbeiten mußte, fing sie an, allein umher zu streifen, ins nächstgelegene Jugendzentrum zu fahren oder in die Disco zu gehen. Der Vater verbot es ihr nicht, und die Mutter konnte sich nicht mehr durchsetzen. Vivi hatte es satt, sich ständig gegen die Vorwürfe wehren zu müssen, daß sie eine Herumtreiberin sei und die Finger von den Jungs lassen solle. Sie begann, sich zu wehren und ging trotzdem fort. Sie hielt es zu Hause kaum mehr aus; immer dieselben Vorwürfe, die strengen Regeln. Auch stritten die Eltern wieder genau so oft wie früher. Vivi hatte begriffen, daß ihr Traum von einer heilen Familie sich nicht erfüllt hatte, und sie in einer trügerischen Scheinwelt gefangen war. Inzwischen wußte sie genau, was ihr Vater mit ihr anstellte. Aus den Unterhaltungen der Freundinnen hatte sie genug erfahren, um zu wissen, welches Spiel er mit ihr trieb. Sie begriff verzweifelt, daß sie seine abartigen Gelüste mit väterlicher Zuneigung verwechselt hatte – aber wie hätte sie das damals als naive Dreizehnjährige schon erkennen sollen?

Aus Scham und Schuldgefühl vertraute sie sich auch jetzt niemandem an. Es war zu spät, dachte sie, jeder würde nur ihr die Schuld daran geben – falls man ihr überhaupt glaubte. Sie konnte es nicht beweisen, und wer würde schon einer Heranwachsenden, die als Diebin bekannt geworden war, glauben? Man würde sie vermutlich beschimpfen und von da an schneiden!

Und sie wollte sich nicht ausmalen, was ihr Vater mit ihr machen würde. Das hielt sie trotzdem nicht davon ab, ihn manchmal, wenn es ihr einfach zuviel wurde, direkt unter Druck zu setzen und ihm die Enthüllung anzudrohen. Herbert Andraschek reagierte dann jedesmal nach demselben Muster: Zuerst machte er sie moralisch fertig, dann bekam er Angst, lag ihr zu Füßen und bettelte sie an, zu schweigen, und zuletzt brachte er sie dazu, sich als Versöhnungsgeste erneut vergewaltigen zu lassen.

Vivi hatte keine Chance, ihm zu entkommen. Sie entwickelte eine regelrechte Haßliebe; manchmal machte sie ihrem Ekel Luft, schrie ihren Vater an und schlug sogar auf ihn ein, doch das prallte alles an ihm ab. Er nutzte das Abhängigkeitsverhältnis und ihre verzweifelte Sehnsucht nach Liebe und Anerkennung weiterhin schamlos aus.

Wenn es die Mutter wußte, so redete sie nie darüber. In ihrer Not hatte Vivi manchmal gewisse Andeutungen gemacht, auf diese Art Hilferufe von sich gegeben. Sie brauchte unbedingt einen Anstoß von außen, um ihre Scham und Angst zu überwinden und sich alles von der Seele reden zu können – vor jemandem, dem sie vertraute, der ihr helfen würde.

Aber Carola Andraschek hörte diese Hilfeschreie entweder wirklich nicht, oder sie wollte sie nicht hören. Vivi fand das nie heraus. Der Teufelskreis blieb geschlossen.

8.

Mit Ach und Krach kam Vivi in der Schule weiter. Die Lehrer hatten es bereits aufgegeben, den Grund ihrer Veränderung herauszufinden. Vivi hatte sich gegen alles gesperrt, und als eine Schulpsychologin mit ihr reden wollte, rastete sie regelrecht aus – und ebenso die Eltern, als sie davon erfuhren. Ihr Kind sei doch nicht bekloppt, beschwerten sie sich bei der Schulleitung. „Wir verbitten uns jegliche Einmischung, bei uns ist alles in Ordnung. Unsere Tochter wird nicht geschlagen, das sehen Sie ja wohl, und ihre Leistungen sind zwar abgesunken, aber noch nicht miserabel. Sie ist in der Pubertät, was wollen Sie eigentlich? Da macht doch jedes Kind, vor allem ein Mädchen, eine schwere Zeit durch!"

Von da an wurde sie von den Lehrern in Ruhe gelassen.

Zu Beginn ihres letzten Schuljahres merkte Vivi, daß etwas mit ihr nicht stimmte. Abgesehen von ein paar Erkältungen war sie in ihrem ganzen Leben noch nie krank gewesen. Doch jetzt fühlte sie sich jeden Morgen wie gerädert, andauernd wurde ihr schlecht, und sobald sie etwas aß, mußte sie sofort zum Klo.

Damit die Eltern nichts merkten, behauptete sie, lieber in der Pause in der Schule zu frühstücken, weil sie auf ihre Linie achten müsse.

Vivi wurde blaß und müde, auch der Kreislauf machte ihr zu schaffen. Sie verstand überhaupt nicht, was mit ihr los war, und das machte ihr Angst. Sie konnte einfach nicht glauben, daß sie „richtig" krank sein sollte. In Bachweiler suchte man nicht wegen jeder Kleinigkeit gleich den Arzt auf; Vivi hätte überhaupt nicht gewußt, zu wem sie hätte gehen sollen.

„Ach was, das wird schon wieder vorübergehen", dachte sie. Wenn sie es einfach ignorierte, ging es sicher von selber wieder weg.

Ihr Körper war anderer Meinung, er setzte sich weiterhin zur Wehr. Sie verlor an Gewicht, hatte zu nichts mehr Lust. Am Schlimmsten war, daß ihr andauernd schlecht wurde. Diese Magenkrämpfe zerrten an ihren Nerven und laugten sie aus.

Als sie einmal mitten im Unterricht aus der Klasse rannte, folgte ihr Petra auf Anweisung des Lehrers.

Petra fand Vivi vor der Toilette, zitternd und würgend. „Sag mal, was ist denn mit dir los?", fragte sie besorgt.

„Ach, nichts weiter", versuchte Vivi herunterzuspielen, „ich muß gestern was Schlechtes gegessen haben."

„Das tust du dann aber schon seit einiger Zeit", bemerkte Petra. „Sogar dem Schultz ist aufgefallen, daß mit dir was nicht stimmt, deswegen hat er mich hinterhergeschickt."

„Ach, ich weiß auch nicht." Vivi betätigte die Spülung, ging zum Waschbecken und wusch ihr heißes Gesicht mit kaltem Wasser. „Es ist eigentlich nicht schlimm, nur am Vormittag. Irgend so ’ne Darmgrippe. Komisch bloß, daß mich das jetzt erwischt, wo’s kein anderer hat. Ich hab noch nie so was gehabt.“

Petra musterte sie mit hochgezogenen Brauen. „’ne Darmgrippe also, ja?“ Sie näherte sich Vivi und strich ihr eine Haarsträhne aus der Stirn. „Sag mal, wie lange genau hast du das jetzt? Und ist das alles, was du hast?“

Vivi schüttelte den Kopf. „Nein, manchmal wird mir schwindlig, und dauernd bin ich müde. Und ich könnte tonnenweise Schokoladeneis verdrücken, dabei mag ich das doch gar nicht. Ich weiß nicht, wie lange das so geht ... ein paar Wochen sicher.“

Petra nickte. „Und wann hattest du das letzte Mal deine Tage?“

„Wie bitte?“

„Na los doch, sag’s mir.“

„Na, am ...“ Vivi stutzte und überlegte. Dann rechnete sie mit den Fingern nach. „Im Juli, glaub’ ich.“

„Hab’ ich’s mir doch gedacht“, sagte Petra mit der Miene der Wissenden.

Vivi fühlte Angst in sich aufsteigen. „Was meinst du damit? Ist es was Ernstes? Sag doch schon!“

Petra seufzte. „Mädel, deine Darmgrippe wird in ein paar Monaten zwei Beine, zwei Arme und einen Kopf haben, aus dem dauernd lautes Geschrei kommt, weil die Windel voll ist. Du bist eindeutig schwanger.“

Vivis blaue Augen wurden noch größer, und sie wurde aschfahl. „Du spinnst“, flüsterte sie.

„Wir können ’nen Test als Beweis machen, aber ich sag’ dir, ich irre mich nicht. Ich kenne mich damit aus, glaub mir.“

Vivi stieß einen Schrei aus und rannte ans andere Ende des Raums, als wolle sie wie Supergirl durch die Mauer brechen und davonfliegen. Sie bremste nicht einmal ab, sondern knallte voll gegen die Wand und rutschte langsam daran herunter. Sie kauerte sich auf der Erde zusammen, die Arme um den Leib geschlungen, und brach in Tränen aus.

Petra, ein wenig erschrocken über die heftige Reaktion, kniete bei ihr nieder und legte ihr einen Arm auf die Schulter. „He, Vivi, mach keinen Scheiß … was soll das denn …“

„Das kann doch nicht wahr sein“, flüsterte Vivi. „Bitte, Petra, das darf einfach nicht sein!“

„Na ja, es ist zwar nicht grad ’ne dolle Situation, aber doch kein Weltuntergang“, tröstete Petra und streichelte ihre Schulter. „Mensch, Vivi, da finden wir schon ’nen Ausweg – und bevor’s deine Eltern erfahren!“

„O Gott“, schluchzte Vivi.

„Liebe Güte, du bist aber auch ein stilles Wasser … uns hast du immer weisgemacht, keinen Typen anzuschauen, und nun …“ Petra war ziemlich ratlos.

„Ach, wenn’s doch nur so wäre“, wimmerte Vivi. „Aber ich hab doch gar nichts mit ’nem Typen gehabt … wirklich nicht …“

„Na, 'ne Heiliger-Geist-Geschichte kann's aber nicht sein, das nehme ich dir nicht ab", meinte Petra ironisch. „Also, es muß schon ein Mann dran beteiligt gewesen sein, ohne geht es nicht."

Vivi verbarg das Gesicht in den Händen und heulte verzweifelt.

Petra war nicht dumm, sie konnte eins und eins zusammenzählen, und das tat sie jetzt. Ihre Augen weiteten sich. Sie zog Vivi die Hände vom Gesicht und sah sie eindringlich an. „Ach du Scheiße ...", hauchte sie. „Es ist doch nicht etwa dein Alter?"

Vivi nickte. Sie hätte es niemals selbst sagen können und war froh, daß Petra es ausgesprochen hatte. Denn mit irgend jemand mußte sie jetzt reden.

„Was für ein Saukerl ... ein perverses Arschloch ... hab' ich doch damals schon gemerkt, daß da was faul ist ... Mensch, Vivi, warum haste denn nie was gesagt? Wir hätten's dem Kerl gründlich heimgezahlt, daß es ihm ein für alle Mal vergangen wär, dir das anzutun ... großer Gott, was für 'ne Schweinerei!" Petra schloß Vivi mitleidig in ihre Arme und wiegte sie wie ein Kind. „Das ist gar kein Problem, Vivi, dafür gibt's 'ne Lösung. Du läßt es einfach wegmachen, und keiner wird's je erfahren. Und dann überlegen wir, was wir mit deinem Alten machen ... sag mal, und deine Mutter schaut dabei einfach so zu?"

„Sie weiß es nicht", sagte Vivi erstickt.

Petra stieß einen trockenen Laut aus. „Da kannste aber drauf wetten, daß die das schnallt. So doof ist keine Mutter! Die will's nicht wissen, das sag ich dir! Komm, Vivi, steh jetzt auf, wir müssen in den Unterricht zurück. Keiner darf merken, was los ist, kapiert? Sonst gibt's einen Mordsärger. Versuch, dich zusammenzureißen, und nachher ruf ich die Clique zusammen, und wir überlegen was. Okay?" Petra schüttelte Vivi leicht. „Okay?"

„Okay." Vivi stand auf, ließ erneut Wasser in die Hände laufen und tauchte ihr Gesicht ein. „Es geht schon. Wenigstens ist mir nicht mehr schlecht."

Die anderen Mädchen aus der Clique reagierten ebenso geschockt wie Petra auf die Tatsache, daß der Vater von Vivis Kind ihr eigener Vater war. Und überlegten fieberhaft, wie sie ihr helfen könnten. Als erstes kauften sie einen Schwangerschaftstest, nur um die Bestätigung zu erhalten – Vivi war schwanger. Die Rechnerei ergab, daß sie gerade noch an der Grenze war, um eine Abtreibung durchführen lassen zu können.

Tagelang redeten sie über nichts anderes, suchten Lösungen, schmiedeten Pläne, wie alles über die Bühne gehen könnte, ohne daß jemand etwas davon mitbekam.

Für Vivi war es unglaublich tröstlich, nicht allein dastehen zu müssen. Auf einmal waren sie wieder wie früher die verschworene Gemeinschaft, zu der kein Außenstehender Zutritt hatte. Sie fühlte sich fast geborgen. Vor allem tat es ihr gut, endlich jemandem die Wahrheit sagen zu können – und sie mußte sich eingestehen, wie dumm sie gewesen war, es nicht schon längst getan zu haben. Aber sie hatte es einfach nicht fertiggebracht. Ihre Scham und ihre Schuldgefühle, der moralische Druck, den ihr Vater ihr aufgebürdet hatte, waren zu groß gewesen. Sie hatte auch nicht erwartet, daß sie bei den Freundinnen Verständnis finden könnte; vielleicht hätten auch sie ihr nicht geglaubt. Nun war es zwar zu spät, die Katastrophe war eingetreten – trotzdem fiel Vivi eine große Last von der Seele.

Und das machte sie fast euphorisch. So lange hatte sie sich mit dem Geheimnis herumquälen müssen, daß sie sich jetzt regelrecht befreit fühlte, leicht und schwebend, als wäre das die Erlösung.

Und während die Freundinnen beratschlagten, wo eine diskrete, aber sorgfältige Abtreibung durchgeführt werden konnte, hing Vivi ganz anderen Gedanken nach.

Und erklärte auf einmal, das Kind behalten zu wollen.

„Du spinnst“, war sofort Petras unverblümter Kommentar. „Damit versaust du dir alles! Überleg doch mal, mit 15 schon Mutter – kein Mann will dich je mehr! Den Schulabschluß und die Lehre kannst du dir abschminken, denn wer kümmert sich um deinen Schreihals? Mal ganz abgesehen davon, daß sämtliche Erwachsene im Umkreis von Barneberg und Bachweiler dir das Leben zur Hölle machen werden! Du bist dann ein für alle Mal hier unten durch, kapierst du das nicht?“

„Ja, Vivi, das darfst du einfach nicht machen", stimmte Sabine zu. „Die Abtreibung ist die sauberste Lösung, sieh das doch ein! Du kriegst 'ne Menge Schwierigkeiten ... vielleicht schaltet sich sogar das Jugendamt ein!"

„Ich sag doch niemandem, wer der Vater ist", erwiderte Vivi. „Und ich hab' sehr gründlich darüber nachgedacht. Ich werde mein Kind behalten!"

Sie hatte oft vor dem Spiegel gestanden und ihren Bauch betrachtet. Wölbte er sich schon? Konnte sie das Leben in sich bereits spüren?

Und sie hatte begriffen, daß das ihre einzige, einmalige Chance war, etwas zu haben, das nur ihr gehörte, das sie mit all ihrer Liebe überschütten konnte – und von dem sie für immer geliebt würde. Sie würde für das Baby sorgen und es großziehen, aber nicht so wie ihre Eltern – sondern immer gut zu ihm sein. Niemand würde ihr reinreden dürfen. Sie konnte mit ihm spielen, schmusen, es mitnehmen, ihm die Welt zeigen ...

Vivis Gedanken drehten sich immer nur um das eine Gefühl, um die Erfüllung ihrer größten Sehnsucht. Es kümmerte sie nicht, was die anderen von ihr als minderjährige Mutter denken mochten. Sie war doch schon oft genug abgestempelt worden, als Diebin, als Herumtreiberin, und was sonst noch alles. Dann kam es doch darauf auch nicht mehr an. Was kümmerten sie die anderen? Sie hatte jedenfalls ihr Kind.

Und Papa durfte ihm nichts tun, weil es nämlich auch sein Kind war. Nicht so wie damals bei Goldie, oh nein! Und sie würde ihm androhen, es aller Welt zu erzählen, wer der Vater ihres Kindes sei, wenn er sie noch einmal anrühren sollte. Jetzt endlich hatte sie auch das geeignete Druckmittel gegen ihn in der Hand. Sein feister Wanst würde sie nie mehr halb zerquetschen, seine schwieligen heißen Hände würden sich nie mehr zwischen ihre Beine drängen, was ihr jedesmal mehr Ekel und Abscheu bereitet hatte, so daß sie sich nicht selten danach übergeben hatte.

„Und ihr irrt euch", fügte Vivi hinzu, „das Gegenteil wird der Fall sein: Es ist meine Chance, alles zum Besten zu wenden!"

Sämtliche Überredungskünste ihrer Freundinnen brachten nichts. Vivi freute sich mit jedem Tag mehr über ihr ungeborenes Kind. Aus ihrer mädchenhaften Naivität heraus klammerte sie sich mit aller Macht an die große Hoffnung, daß nun alles gut werden würde. Es war ihr, als ginge endlich die Sonne auf. Das Kind würde sie niemals betrügen und ihre Gefühle ausnutzen, seine Liebe würde ehrlich sein, so wie ihre.

Allerdings hatte sie es sich sehr viel leichter vorgestellt, es ihren Eltern beizubringen. Sie merkte es, als sie, noch im Hochgefühl ihrer Entscheidung und gestärkt durch die Unterstützung ihrer Freundinnen, mit der Wahrheit herausrücken wollte.

Doch im letzten Moment verließ sie der Mut. Ihr wurde plötzlich bewußt, daß sich außer ihr niemand über dieses Kind freuen würde. Und daß sie einen Heidenkrach zu erwarten hatte, wenn sie den Eltern sagte, mit ihren gerade mal fünfzehn

Jahren schwanger zu sein und das Kind behalten zu wollen. Nachdem die Eltern aus einem ausgerückten Goldhamster und einem geklauten Kaugummi schon so ein Theater gemacht hatten, konnte sie kaum erwarten, gerade mit dieser Geschichte auf Verständnis zu stoßen.

Und der Vater erst! Hatte sie wirklich ein Druckmittel gegen ihn in der Hand? Auf einmal war sie sich da gar nicht mehr so sicher. Mit seinen Bärenkräften konnte er sie halbtot prügeln und dann zu irgendeinem Arzt schleifen und sie zur Abtreibung zwingen. Oder er brachte sie gleich ganz um, warf sie aus dem Fenster oder so, und stellte es als schrecklichen Unfall hin.

Niemals würde er sich erpressen lassen. Wie konnte sie nur so dumm gewesen sein, das auch nur eine Sekunde lang anzunehmen? Wie sie ihn jetzt so im Unterhemd vor dem Fernseher sitzen sah, mit dem Bier in der Hand, wurde ihr mehr und mehr bewußt, daß ihre Vorstellungen ziemlich unrealistisch waren.

Und die Mutter, die ohnehin nur immer davon redete, sie solle sich von Jungs fernhalten, würde ganz sicher total durchdrehen.

Nein, sie konnte hier kein Verständnis erwarten. Wahrscheinlich brachten sie sie gemeinschaftlich um.

„Ist irgendwas, Vivi?“, fragte die Mutter plötzlich, und Vivi fuhr zu Tode erschrocken zusammen. „Du stehst hier schon seit einer geraumen Weile herum, als wolltest du was sagen.“

„Ach, nein … ist nicht so wichtig …“ Vivi machte auf dem Absatz kehrt und flüchtete nach oben in ihr Zimmer.

„Was soll ich nur tun?", dachte sie verzweifelt. „Ich kann es doch nicht ewig geheimhalten ... und wenn dann dem Baby was geschieht ..."

Ihre Gedanken überschlugen sich. Eines war ihr nach wie vor klar: Sie würde das Kind behalten, komme, was da wolle. Jetzt erst recht. Gegen alle Widerstände. Zum ersten Mal hatte Vivi die Chance, eine Entscheidung allein zu treffen und sie auch durchzusetzen. Und sie würde es tun.

Aber wie sollte sie die Zeit bis zur Geburt überstehen? Würde sie es schaffen, jeden Tag mit Streit und Kampf zu ertragen?

„Ich laufe weg" schoß es ihr blitzartig durch den Kopf.

Eine gute Idee. Wenn man Geld hatte und wußte, wohin. Vivi hatte aber weder Geld noch kannte sie einen Ort, wo sie hingehen konnte. Keinen Platz, an dem sie unterkriechen konnte. Niemanden, der sie vor den Eltern beschützen würde.

Einfach ausreißen kam Vivi idiotisch vor. Sie war minderjährig, man würde sie finden und zurückbringen – oder in ein Heim stecken. Dort würde man ihr das Kind nach der Geburt sofort wegnehmen, soviel wußte sie. Und wenn sie hierher zurückkam, würde es noch schlimmer sein als vorher.

Vivi grübelte und grübelte, bis die Gedanken sich immer nur im Kreis drehten und sie wußte, daß es nur einen Weg gab: Sie mußte in den sauren Apfel beißen und den Eltern die Wahrheit sagen. Sie konnte es drehen und wenden, wie sie wollte. Alles Ausweichen würde ihre Lage nur verschlimmern.

„Na gut", schloß sie. „Dann sage ich es ihnen, aber noch

nicht jetzt. Erst, wenn es zu spät ist, wenn sie mich nicht mehr zur Abtreibung zwingen können. Und vielleicht warte ich am besten, bis ich anfange, zuzunehmen, dann werden sie es von selbst merken. Und bei Papa wird mir schon was einfallen, damit er mich in Ruhe läßt."

Vivi wartete ab. Zum Glück hatte ihr Vater genug auf dem Bau zu tun. Er konnte sie nicht mehr von der Schule abholen, und auch abends mußte er oft Überstunden machen. Wenn er dann da war, sorgte sie dafür, daß entweder ihre Mutter anwesend, oder sie selbst bei einer Freundin zum Lernen war. Wenn er Ausflüge vorschlug, hatte sie keine Lust, oder sie war müde; sie wich ihm so lange aus, bis er mehr und mehr davon abließ, ihr nachzustellen. Auch wagte er es nicht, sie zur Rede zu stellen; in ihren Augen lag seit Neuestem ein Ausdruck, der sehr entschlossen wirkte und ihn verunsicherte. Wenn sie auf einmal quatschte, konnte ihn das in Teufels Küche bringen; auch wenn sie mehr darunter zu leiden hätte als er und es hinterher schrecklich bereuen würde. Zunächst wäre der Schaden aber da, und er käme ins Gerede. Das wollte er nicht riskieren, dessen konnte Vivi sicher sein.

Dennoch konnte sie es nicht vermeiden, daß er trotzdem manchmal einfach ins Bad kam, um an ihr herumzufummeln, oder sie zwang, ihn zu befriedigen; aber zum Geschlechtsverkehr kam es wenigstens nicht mehr.

Irgendwann war es nicht mehr zu übersehen, daß mit Vivi etwas nicht stimmte. Sie nahm zu und trug nur noch weite Sachen. Außerdem wirkte sie auf einmal erwachsener, fraulicher; in ihren Augen lag kein kindlicher Ausdruck mehr. Einzig mädchenhaft war noch ihre Stupsnase, aber ihr Gesicht verlor die pausbäckigen Rundungen und feine, hohe Wangenknochen bildeten sich heraus. Vivi war zu einer natürlichen Schönheit herangewachsen, die nur wenig Schminke brauchte. Und sie schien sich auch äußerst wohl zu fühlen, von der Blässe und der Müdigkeit der vergangenen Wochen war nichts mehr zu spüren.

„Was ist mit dir eigentlich los?“, fragte die Mutter eines Tages, als das Schweigen sich immer mehr in die Länge zog und sie einsehen mußte, daß Vivi von sich aus nicht damit herausrücken würde.

„Was meinst du?“, stellte Vivi sich dumm. Ihr Herz schlug sofort höher: Der entscheidende Moment war da. „Nur Mut“, sagte sie zu sich selbst in Gedanken, „das überstehst du. Dir kann nichts mehr passieren.“ Trotzdem war es einer der schwersten Momente ihres Lebens. Doch war sie von der Richtigkeit ihres Handelns überzeugt, und es gab nichts zu bereuen – sie hatte gegen kein Gesetz verstoßen.

„Los, sag es mir schon!“, forderte Carola Andraschek sie streng auf. „Ich will es aus deinem eigenen Mund hören!“

„Ich weiß wirklich nicht, was du meinst!“

„Vivi, mach mich nicht rasend! Hältst du mich für blöd oder verkalkt? Du bist schwanger! Und das nicht erst seit gestern!“

Vivi machte keine Ausflüchte mehr. „Ja“, sagte sie schlicht.

„Ja? Das ist alles, was du dazu zu sagen hast? Dann weißt du es also schon länger? Wieso hast du mir das nicht früher gesagt?“, rief die Mutter.

„Wieso sollte ich?“, erwiderte Vivi. „Ich will das Kind schließlich behalten. Es hätte also nichts geändert.“

Für einen Moment war Carola sprachlos. „So … so niederträchtig bist du also, daß du wartest, bis es zu spät ist für eine Abtreibung? Ich könnte mich verfluchen, daß ich es nicht rechtzeitig bemerkt habe!“

„Du wolltest es nicht wissen“, sagte Vivi leise.

Die Mutter überhörte das. „Du hast dich also doch herumgetrieben, obwohl ich es dir verboten hatte! Hast du denn nicht verstanden, daß ich dich genau davor bewahren wollte? Seit wievielen Jahren treibst du es schon?“

„Das geht dich nichts an!“ Vivi wunderte sich über sich selbst, und woher sie den Mut nahm, in diesem Ton mit ihrer Mutter zu sprechen. „Willst du wissen, wer der Vater ist?“

„Nein!“, schrie die Mutter. „Mich interessiert nicht, welcher Kretin das war!“

Das wunderte Vivi. Normalerweise hätte sie das sehr genau wissen wollen, um mit den Eltern des Kindsvaters über die Alimente zu streiten. Petra hatte sie darüber aufgeklärt. „Dann weißt du es also?“, hakte sie noch einmal nach. Jetzt war die Gelegenheit, ihr die Augen zu öffnen. Und zu erfahren, ob die Mutter es die ganze Zeit gewußt hatte oder nicht.

„Nein!“ Die Stimmung der Mutter wandelte sich plötzlich. Sie sank auf dem Sofa nieder, hielt sich den Kopf und brach in Tränen aus. „Jahrelang hab ich geschuftet, nur für dich“, begann sie zu klagen. „Und wofür das alles? Immer nur Schande bereitest du mir, wirst zur Diebin, treibst dich herum ... und jetzt das! Schwanger bist du, mit 15 Jahren! Wie kannst du mir das nur antun? Ich war doch immer gut zu dir, habe alles für dich getan ... für dich gesorgt, dich eingekleidet ... und wie dankst du es mir? Jahrelang habe ich die Blicke der Leute ertragen müssen, wenn die Rede auf dich kam ... habe immer geschwiegen, alles hingenommen, weil ich hoffte, aus dir würde noch ein anständiger Mensch ... und nun? Ach, die Schande, die Schande, das ertrag' ich nicht!“

Vivi stand völlig verblüfft da. Sie wußte überhaupt nicht, wie sie sich jetzt verhalten sollte. Offensichtlich litt die Mutter wirklich, und das schlechte Gewissen meldete sich bei ihr zurück. Hätte sie es ihr nicht doch schonender beibringen sollen? Es stimmte ja, Mama hatte immer gut für sie gesorgt, aber Vivi hatte es nie genügt, sie hatte immer noch mehr gewollt. Sie hatte vielleicht wirklich zu viel von ihrer Mutter verlangt ... „Mama ...“, begann sie; da bemerkte sie, daß sie nicht allein waren.

Sie drehte sich um und blickte in das fassungslose Gesicht ihres Vaters. Offensichtlich hatte er alles gehört.

Herbert Andraschek war kreidebleich. Auf seinem Gesicht spiegelten sich die widersprüchlichsten Emotionen – hilflose Wut, grenzenlose Angst, Verzweiflung, Ratlosigkeit.

Vivi funkelte ihn wild an. Ihn so zu sehen, nahm ihr die Furcht vor dem, was er tun könnte. Nichts, aber auch gar nichts konnte er tun! Nicht in diesem Zustand. Jetzt hatte sie ihn da, wo sie ihn haben wollte, jetzt empfand sie wenigstens ein bißchen Genugtuung für den jahrelangen Mißbrauch und den moralischen Druck, für die Angst und die Scham, die sie immer gequält hatten, und die Schuldgefühle, die er ihr eingeflüstert hatte.

Provozierend legte sie die Hand auf ihren Bauch und reckte ihn ihm entgegen. „Was ist?“, fragte sie. „Willst du deinen Enkel nicht begrüßen?“ Das Wort „Enkel“ betonte sie deutlich.

„Vivi“, sagte er heiser, „ich glaube, es ist besser, wenn du jetzt auf dein Zimmer gehst.“

In seiner Stimme lag ein Unterton, der ihr gleich wieder ihre Selbstsicherheit raubte. Er war unberechenbar, trotz allem, und sie sollte es nicht zu sehr herausfordern.

„Ja“, murmelte sie und ging nach oben.

Dritter Teil

9.

Vivien Andraschek wurde ins Exil geschickt. Es ging alles sehr schnell, so daß sie gar nicht richtig mitbekam, was mit ihr geschah.

Sie erfuhr nie, was die Eltern beredeten, nachdem sie auf ihr Zimmer gegangen war. Sie wußte nur, daß sie die ganze Nacht aufgeblieben waren. Auch Vivi tat kein Auge zu. Sie setzte sich an ihren Tisch vor dem Fenster, stützte den Kopf in die Hände und sah nach draußen. Es war winterlich kalt, und im hellen Mondlicht konnte sie die schneebedeckte Eiche sehen. Sie hatte ihre Blätter noch nicht abgeworfen und sah daher nicht so kahl und traurig aus wie andere Bäume. Vivi liebte diesen Baum immer noch und träumte auch heute manchmal, bis in die Krone hinaufzuklettern und dann einfach davonzufliegen – weg von allen Problemen und Sorgen, weg von der kleinbürgerlichen Scheinidylle Bachweilers. Inzwischen radelte sie nicht einmal mehr über das Land; alle schönen Stellen hatte der Vater vergiftet mit seiner perversen Lust. Sie wollte nicht daran erinnert werden, wenn sie an den Weiher kam oder zum Wald; diese früher so geliebten Plätze kamen ihr heute häßlich und besudelt vor.

Im Hintergrund hörte Vivi die Geräusche der Eltern, ihr Reden, ihr Umherlaufen. Das Licht brannte die ganze Nacht im Haus, durch den Türschlitz konnte man es sehen. Aber sie wußte, daß niemand zu ihr hereinkommen würde.

Wie alles würde auch diese Angelegenheit nie richtig ausgesprochen, sondern totgeschwiegen werden. Wie aber wollten sie das Baby totschweigen?

In diesem Moment war es Vivi gleichgültig. Die Wahrheit war heraus, auch dieser Druck von ihr genommen. Sie hatte die Entscheidung gefällt, das Kind zu behalten, und es war zu spät für eine Abtreibung. Vielleicht erkannten die Eltern, daß Vivi es ernst meinte, und daß es nicht weiter von Bedeutung war, wie es dazu gekommen war. Vielleicht begriffen sie, daß es Vivi um die Familie ging, und daß sie ihr Enkelkind mit aufziehen konnten, und Vivi hätte ein Kind und ein Geschwisterchen zugleich gehabt, das sie so verwöhnen wollte wie in ihrem Wunschtraum.

Sie war sogar bereit, ihrem Vater zu verzeihen, wenn es von nun an besser werden würde.

Doch schon am nächsten Morgen war die Entscheidung gefallen, und nicht zu Gunsten Vivis. Sie war noch nicht alt und erfahren genug, alle Möglichkeiten durchzuspielen; sie hing immer noch zu sehr an ihren naiven, romantischen Träumen und dem Glauben, daß sich letztendlich alles immer zum Guten wendete. So hörten vielleicht Märchen auf, und Vivi in ihrer unschuldigen Jugend hatte noch nicht begriffen, daß es da einen großen Unterschied zur Realität gab. Dafür waren die Märchen ja da: Eine Phantasiewelt zu zeigen, wie sie sein könnte, wenn ..., wie sie aber niemals sein würde.

„Wir haben mit Onkel Eberhard in Berlin telefoniert", eröffnete die Mutter das Gespräch, als Vivi zum Frühstücken herunterkam. Auch der Vater war noch da; er hatte sich wohl bei der Arbeit krank gemeldet. „Er war natürlich nicht begeistert, das kannst du dir vorstellen. Aber er und Tante Gertraud sind bereit, dich aufzunehmen, bis das Kind geboren ist."

Vivi brauchte eine Weile, um das Gesagte zu verstehen. Dann sagte sie ungläubig: „Was?"

„Ja, du hast schon richtig verstanden", fuhr der Vater fort. „Du glaubst doch wohl nicht, daß wir uns der Schande preisgeben werden, die du uns angetan hast? Du Luder, du hast geglaubt, alles ohne uns entscheiden zu können, dann wirst du jetzt auch die Konsequenzen tragen. Wir nehmen dich sofort von der Schule, und du wirst nach Berlin umziehen. Offiziell werden wir allen erzählen, daß du dort auf die Hauswirtschaftsschule gehst."

„Aber es wird doch auffallen, wenn ich mitten im Jahr –"

„Es ist ohnehin dein zehntes Schuljahr, und wir werden es schon entsprechend begründen können. Zerbrich dir nicht unseren Kopf. Du kannst raufgehen und packen. Wir werden dich zum Bahnhof fahren und die günstigste Zugverbindung heraussuchen. Onkel Eberhard wird dich dann in Berlin vom Bahnhof abholen."

Vivis Augen füllten sich mit Tränen. „Ihr werft mich raus?“, stieß sie erstickt hervor.

Carola betrachtete sie ohne Mitleid. „Weißt du, Vivi, wir sind eine einfache, aber anständige Familie. Wir leben hier in einer Dorfgemeinschaft, in der man sich anzupassen hat. Wenn du das nicht kannst, mußt du auf eigenen Füßen stehen lernen, so leid es mir tut. Ich habe wirklich alles versucht, aber jetzt ist meine Kraft am Ende. Ich kann einfach nicht mehr. Ich kann nicht mal mehr weinen, weil selbst das noch über meine Kraft geht.“ Sie wurde zusehends theatralischer, steigerte sich immer mehr hinein. „Diese Schande ... nein, diese Schande. Ich habe genug ertragen. Wenigstens nach außen hin werden wir den Schein wahren, sonst verliere ich noch alles.

„So ist es das Beste für uns alle, Vivi“, schloß der Vater.

Vivi schluchzte. „Das könnt ihr doch nicht tun!“

„Das hättest du dir vorher überlegen sollen“, bekam sie unerbittlich zu hören. „Auf unserer Nase tanzt du nicht mehr herum, so geht es einfach nicht mehr weiter. Vielleicht kommst du endlich zur Besinnung, wenn du gezwungen bist, die Verantwortung für dich zu übernehmen. Und dann bist du ja auch endlich in der großen Stadt, wie du es dir immer gewünscht hast.“

Es war wie ein böser Alptraum. Die Mutter half ihr, eine Reisetasche und zwei Köfferchen zu packen. „Den Rest können wir dir nachschicken, oder Papa bringt ihn dir“, sagte sie.

Vivi konnte es nicht fassen. Sie durfte nicht einmal mehr ihre Freundinnen anrufen und sich auch von sonst niemandem verabschieden. Die Mutter erzählte überall, daß Vivi sehr krank geworden sei und in eine Spezialklinik nach Berlin müsse. Dort würde sie dann auch gleich bei Verwandten bleiben, die sie eingeladen hatten, und auf die Hauswirtschaftsschule gehen.

Man wunderte sich, aber niemand fragte genauer nach. Wenn das Telefon läutete, durfte Vivi nicht hingehen. Als Petra und Sabine einfach vor der Tür standen, wurden sie abgewiegelt. Vivi sei nicht zu sprechen, sie habe hohes Fieber, und man sei beim Packen.

Ehe sich Vivi versah, saß sie im Zug nach Berlin. Sie weinte ununterbrochen die stundenlange Fahrt hindurch leise vor sich hin. Die Eltern hatten sie mitsamt dem Gepäck in das Abteil geschoben, Carola hatte ihr eine Schokolade und ein Comic-Heft gekauft, sich aber dann schnell zurückgezogen. Der Vater redete irgend etwas, das Vivi vor lauter Kummer und Angst nicht verstand.

Manche der Mitreisenden sahen sie mitleidig an und fragten sie, ob alles in Ordnung sei. Vivi brachte kein vernünftiges Wort hervor. Selbst die häufigen Kontrollen und Stopps konnten sie nicht aus ihrer tiefen Apathie reißen. Sie stand völlig unter Schock.

Wie umnebelt stieg Vivi in Berlin aus. Es herrschte dort schönes, schon leicht frühlingshaft anmutendes Wetter, aber sie nahm die Umwelt kaum wahr.

Als der Trubel sich gelegt hatte, stand sie ganz allein mit ihrem Gepäck auf dem Bahnsteig und wußte nicht, wohin. Doch da kamen zwei Leute auf sie zu; ein großer, schwerer Mann und eine dünne, große Frau mit einem Spitzmausgesicht und Nikkelbrille.

„Du bist Vivi“, sagte der Mann zu ihr. Er besaß dieselbe dröhnende Stimme wie Papa und sah ihm auch sonst ähnlich, nur älter und grauhaarig.

„Ja“, flüsterte sie.

„Ich bin dein Onkel Eberhard, und das ist Tante Gertraud. Komm mit.“

Gehorsam trottete Vivi den beiden Fremden hinterher. Sie konnte kaum aus ihren vom vielen Weinen dick verquollenen Augen sehen. Sie stiegen in einen kleinen alten Wagen ein, Vivi mit hängendem Kopf. Auch jetzt achtete sie nicht auf die Stadt, obwohl sie es sich so lange ersehnt hatte, einmal nach Berlin zu fahren und Onkel Eberhard zu besuchen.

„Das ist ja eine schöne Geschichte“, sagte Onkel Eberhard, der am Steuer saß. „Wir konnten es kaum glauben. Natürlich haben wir uns bereit erklärt, nach einer Lösung zu suchen. Gertraud und ich haben keine Kinder und zum Glück trotzdem ein freies Zimmer, wo wir dich unterbringen können. Und dann sehen wir weiter.“

Vivi schwieg. Irgendwann bogen sie von der belebten Haupt- in eine Seitenstraße ein. Onkel Eberhard mußte eine Weile herumkurven, bis er einen Parkplatz fand. Dann gingen sie in ein großes, graues Mietshaus. Als Vivi einen Blick nach oben warf, wurde ihr schwindlig. Sie hatte noch nie einen so großen Betonklotz gesehen. Er sah düster und bedrohlich aus, so als wolle er sich jeden Moment auf sie herabstürzen und sie unter sich begraben. An manchen Balkongittern hingen ein paar leere Kästen, die im Frühling vielleicht bepflanzt wurden.

Im Haus gab es einen Lift, der jämmerlich ächzte und knirschte, während er ins neunte Stockwerk hinauffuhr. Der Aufzug und auch die Wände des großen, modrig riechenden Treppenhauses waren mit Graffiti beschmiert. Die Treppen waren aus Stein, das Geländer aus abgegriffenem Metall.

„Früher war das hier mal sehr modern", sagte Onkel Eberhard in die Stille hinein. „Aber Kreuzberg wird alt. Trotzdem ist es noch einigermaßen sicher und zentral gelegen."

Die Wohnung war ebenso alt wie das Haus, aber gediegen. Große Räume mit hohen Decken, altes Parkett, Holzschränke und -tische, und Polstermöbel im Stil der fünfziger Jahre, auf denen Spitzendeckchen lagen. Selbst die Pflanzen auf den schmalen Fensterbänken wirkten alt.

Vivi wurde in ein kleines Zimmer geführt, das wohl als Abstell- und Bügelraum gedient hatte und jetzt in aller Eile geräumt worden war. Ein altes Ausziehsofa, das als Bett dienen sollte, ein Tischchen, ein etwas wackliger kleiner Sessel, eine

Art Kleiderschrank und ein Bücherregal bildeten die Einrichtung.

„Das ist ab jetzt dein Zuhause“, sagte Tante Gertraud, die zum ersten Mal sprach. Sie besaß eine dünne Reibeisenstimme, die zu ihrer ganzen Gestalt paßte. „Bilde dir aber bloß nicht ein, daß hier alles nach deiner Nase geht wie in Bachweiler, und du dir einen faulen Lenz machen kannst. Dein Onkel und ich gehen arbeiten. In deinem Zustand können wir dich auf keine Schule mehr schicken, also wirst du dir deine Kost und Logis hier zu Hause verdienen. Du wirst dafür sorgen, daß die Wohnung tiptop ist, wenn wir heimkommen. Du wirst einkaufen und das Essen zubereiten, die Wäsche machen, eben alles, was so dazu gehört. Und laß dir gesagt sein, daß ich sehr anspruchsvoll bin, das heißt, du wirst dich anstrengen müssen. Und es gibt keine Besuche hier, verstanden?“

„Aber ich kenne doch gar niemanden“, flüsterte Vivi.

„Dabei wird es auch bleiben. Es muß ja nicht die ganze Welt erfahren, was du für ein liederliches Mädchen bist.“ Tante Gertraud stieß einen Seufzer aus. „Ich bin ja nur froh, daß Eberhard und ich uns gegen Kinder entschieden haben! Welcher Kummer ist uns erspart geblieben! Wir sind anständige Leute, und bei uns gelten dieselben Regeln wie bei dir Zuhause. Hast du verstanden?“ Ihr eisblauer Blick bohrte sich in Vivis Augen, der ein Schauer den Rücken hinunterlief.

„Ja, Tante Gertraud.“

„Du wirst das Ausgehen also darauf beschränken, zum Laden zu gehen und ohne Umweg wieder zurückzukommen. Komm ja nicht auf die Idee, dich herumzutreiben, wenn wir nicht da sind! Wir wohnen schon sehr lange hier, und die Nachbarn beobachten alles. Wir werden über jeden Schritt von dir Bescheid wissen!"

„Ja, Tante Gertraud."

„Na, dann pack jetzt erst mal deine Sachen aus und räume auf. Dann kannst du zum Essen kommen, ich habe eine Kleinigkeit vorbereitet. Anschließend werde ich dir alles zeigen, damit du ab morgen tätig werden kannst." Die Tante rauschte aus dem Zimmer und schloß die Tür hinter sich.

Vivi setzte sich aufs Bett, sie war immer noch wie gelähmt.

„Papa und Mama haben mich hinausgeworfen", dachte sie zum x-ten Male, „dabei habe ich doch nichts Schlimmes gemacht. Nicht einmal verabschiedet haben sie sich ..."

Die Tränen begannen wieder zu fließen. Sie war sicher, daß es keinen einsameren und unglücklicheren Menschen auf der Welt geben konnte als sie.

Vivi zwang sich, ihre neuen Lebensumstände hinzunehmen und das Beste daraus zu machen, schon allein des Kindes wegen. Das war ihr einziger Trost in diesem Unglück – daß das Kind weiterhin in ihr wuchs und eines Tages auf der Welt sein würde. Dann wäre Vivi nicht mehr einsam, und alles würde besser werden.

Tante Gertraud hatte sie zur Frauenärztin gebracht, und diese hatte sie eingehend untersucht und festgestellt, daß alles in

Ordnung war. Alle Gliedmaßen und Organe befanden sich am richtigen Platz und sahen genauso aus, wie sie sollten – und es war ein Junge.

„Hast du schon einen Namen?", fragte sie Vivi freundlich. Es schien sie nicht im mindesten zu kümmern, daß Vivi minderjährig war.

„Ja", strahlte Vivi, „Lukas. Er wird mein Lukas sein."

„Du freust dich wohl schon sehr?"

„Oh ja. Ich wollte ihn unbedingt behalten."

Diese regelmäßigen Arztbesuche waren das Schönste in Vivis ansonsten tristem Dasein. Was für andere Frauen lästig war, war ihr eine Freude. Die Ärztin war nett, und sie sagte ihr ganz genau, wie Lukas sich entwickelte. Vivi wurde nicht müde, ihren wachsenden Sohn auf dem Ultraschallgerät zu beobachten. Manchmal lag er genau richtig, dann konnte sie sehen, wie er nuckelte oder sich bewegte. Sie mußte dann jedesmal vor Glück weinen.

Außerhalb dieser leider immer viel zu kurzen Besuche gab es nicht viel Schönes in Vivis Leben. Jeden Tag putzte sie die Wohnung von oben bis unten, wusch oder bügelte und ging einkaufen. Im Supermarkt kannte man sie inzwischen und begrüßte sie, aber Vivi blieb einsilbig und zurückhaltend. Sie hatte Angst, daß einer der Nachbarn Tante Gertraud zutragen würde, sie tratsche mit anderen Leuten und plaudere womöglich Dinge aus, die man besser totschwieg. Durch ihre Verschlossenheit sprach sie auch niemand auf ihre deutlich sichtbare Schwangerschaft an.

Trotz allem blieben Vivi immer noch viele Stunden übrig, in denen sie überhaupt nichts zu tun hatte; höchstens einmal eine kleine Näh- oder Stopfarbeit. Sie setzte sich vor den Fernseher und schlug irgendwie die Zeit tot. Einmal hatte sie einen Führer mit Stadtplan von Berlin entdeckt, den sie gierig verschlungen hatte. Immer noch wußte sie nichts von der großen Stadt, weil sie nie hinaus durfte.

Aber das würde sich ändern, wenn Lukas erst einmal da war. Ein Kind mußte an die frische Luft, mit anderen Kindern zusammenkommen und spielen. Da konnte ihr niemand mehr den Hausarrest aufzwingen. Dann würde Vivi die Stadt entdecken, das nahm sie sich fest vor.

Bis dahin mußte sie die Isolation erdulden, doch das schaffte sie schon. Wenn gar nichts im Fernsehen kam, was sie sich ansehen wollte, beschäftigte sie sich mit ihrem Bauch und hielt in Gedanken Zwiesprache mit dem ungeborenen Kind.

Einmal hatte sie sich getraut, Sabine anzurufen und sie gebeten, gleich zurückzurufen, um die Telefonrechnung nicht in die Höhe zu treiben.

Sabine rief auch sofort zurück. „Vivi, Menschenskind, wir sind fast verrückt geworden! Wir wollten schon die Polizei einschalten, weil wir glaubten, daß deine Eltern dich irgendwo verscharrt haben! Wo bist du?“

„In Berlin“, antwortete Vivi und erzählte die ganze Geschichte unter Tränen.

Sabine weinte dann ebenfalls. Sie wußten, daß sie sich so

schnell nicht mehr sehen würden und nur selten telefonieren konnten. Briefe schreiben hatte auch keinen Zweck, denn die wurden von Vivis Onkel oder Tante garantiert abgefangen. Die Eltern hatten unmißverständlich erklärt, daß jeglicher Kontakt mit Vivis Heimat zu unterbleiben hatte. Die Mädchen schworen sich gegenseitig, die Treue zu halten.

Im April, als der Geburtstermin näher rückte, tauchte plötzlich Herbert Andraschek auf. Er war gekommen, ohne daß Carola etwas davon wußte.

Vivi war allein zu Haus und erschrak fast zu Tode, als sie die Tür öffnete und ihren Vater vor sich sah. Ihr blieb die Stimme weg, sie stolperte zurück und ermöglichte ihm dadurch, einzutreten und die Tür hinter sich zu schließen.

„Hallo, Vivi“, sagte er. „Du bist allein?“

„Tante Gertraud kommt sicher gleich“, sagte sie schnell. Ihre Augen huschten angstvoll durch die Wohnung.

„Kein Problem. Wie geht es dir?“ Er betrachtete sie.

Vivi legte die Arme schützend vor ihren Bauch. „Ganz gut. Das Kind ist gesund. Es wird wohl kein Idiot, so wie es aussieht.“

„Weißt du schon, was es wird?“

„Ein Junge. Ich werde ihn Lukas nennen.“

„Es ist bald soweit, oder?“

„Im Mai.“

Der Gesprächsstoff ging ihnen aus. Schweigend und verlegen standen sie voreinander.

„Tja, ich … ich wollte mal sehen, wie es dir geht“, fuhr der Vater schließlich fort.

Obwohl Vivi sich geschworen hatte, ihren Eltern gegenüber nie mehr Gefühle zu zeigen, stiegen ihr jetzt die Tränen in die Augen. „Warum hast du mich dann weggejagt, wenn dich das jetzt interessiert?“

„He, Vivi, das ging nicht anders, das mußt du einsehen“, erwiderte Herbert. Er wirkte nervös, ballte ständig die Hände und öffnete sie wieder. „Wie sieht das denn aus, hm? Und jeder hätte wissen wollen, wer der Vater ist! Und was ist, wenn der Junge nach mir schlägt, hm, was dann?“

„Wenigstens gibst du zu, daß du der Vater bist“, murmelte sie.

„Ja, Herrgott, das bezweifle ich nicht mal, obwohl ich drüber nachgedacht habe! Aber ich weiß, daß du's nicht mit anderen hattest, das hab' ich dir rechtzeitig ausgetrieben.“

„Ich ekle mich vor Männern, und du weißt, weshalb!“

„Vivi, komm mir nicht so!“

Herbert packte sie am Arm und drängte sie ins Wohnzimmer. „Sei leiser, oder sollen die Nachbarn uns hören?“

„Und wenn schon!“, gab sie aggressiv zurück. „Werft ihr mich dann ganz auf die Straße?“

„Komm schon, Mädchen, sei vernünftig“, bat er. „Hast du's jemandem gesagt? Hm? Kennt jemand die Wahrheit?“

Vivi schüttelte den Kopf. „Keine Angst, dein kostbarer Ruf ist gewahrt.“

„Das ist gut“, meinte er erleichtert. „Schau, Vivi, du solltest auch besser weiterhin schweigen. Du weißt, wozu ich fähig bin … denk an deinen Hamster …“

Ihr Kopf ruckte hoch, und sie funkelte ihn wild an. „Denkst du, das könnte ich je vergessen? Willst du mir damit drohen und dein eigenes Kind umbringen, am besten mich dazu?“

„Nein, nein“, wehrte er erschrocken ab. „Mein eigenes Kind … das doch nie! Aber du mußt vorsichtig sein, trotz allem … hör mal, Vivi, ich … ich laß' dich auch nicht im Stich, wenn du weiterhin vernünftig bist … ich sorg' für dich und das Kind …“

„Am besten gleich doppelt“, zischte sie. „Als Vater und als Großvater.“

„Ja, so ist es wohl … ich hab' ja das Recht dazu, dir zu helfen, ich bin der Großvater … und du minderjährig und ledig …“

„Und wie stellst du dir deine Hilfe vor? Onkel Eberhard wird das seltsam finden, wenn du mich zuerst rauswirfst und dann plötzlich hier aufkreuzt und dich um mich kümmerst!“

„Ja, da find' ich schon einen Weg … ich könnte ja eine Wohnung suchen, ein kleines Appartement … was nicht viel kostet, und wenn das Kind alt genug ist, kann es ja in den Hort und du kannst arbeiten gehen …“

Vivi wurde müde. Sie verabscheute ihren Vater, weil er so jämmerlich vor ihr stand. Einerseits drohte er ihr, andererseits war er außer sich vor Angst – und wollte sich ihr Schweigen erkaufen. Sie fühlte deswegen aber keinen Triumph über ihn, sie war nur unendlich traurig.

„Papa, wenn ihr mich nicht mehr bei euch haben wollt, dann

wirst du auch Lukas nicht bekommen", sagte sie leise. „Ich werde meinen Sohn allein durchbringen. Am Anfang kann ich ja noch hier bei Onkel Eberhard bleiben, bis ihn das Geschrei zu sehr nervt und er mich rauswirft. Er haßt Kinder nämlich genauso wie du. Aber dann find' ich schon eine andere Lösung."

Herbert Andraschek sah nervös auf die Uhr. „Ich muß wieder weg, Vivi, sonst schaffe ich es nicht rechtzeitig heim. Wir reden das nächste Mal darüber, einverstanden, ja?", stammelte er hektisch. „Sei ein vernünftiges Mädchen, versprich mir das, dann werde ich auch alles tun." Damit stürzte er schon wieder davon.

„Die vielen Stunden Fahrt für ein paar Minuten, der spinnt doch", dachte Vivi. Ihr wurde schlecht, und sie rannte ins Bad.

10.

In der Nacht vom zehnten auf den elften Mai 1989 war es dann soweit. Bei Vivi, der es schon seit einigen Tagen nicht mehr gut gegangen war, setzten die Geburtswehen ein, und nachdem sie Onkel und Tante endlich wachbekommen hatte, fuhren sie in die Klinik. Die Ärztin hatte bei ihrem letzten Besuch gesagt, daß es keine Woche mehr dauern würde. Daraufhin hatte Onkel Eberhard in Bachweiler angerufen und mitgeteilt, daß die Geburt unmittelbar bevorstand.

Vivi wußte es nicht, aber ihre Eltern hatten Urlaub genommen und sich auf den Weg nach Berlin gemacht, um dabei zu sein.

Daher war ihre Freude riesengroß, als auf einmal Carola und Herbert Andraschek in den Warteraum kamen. „Mama! Papa! Stellt euch vor, es ist bald soweit!“, rief sie. „Ich bin zwar noch nicht im Kreißsaal, aber es kann nicht mehr lange dauern …“

„Alles ist gut, Vivi“, sagte der Vater.

Carola Andraschek sagte nichts. Sie ordnete stumm Vivis Haare, mit einem fast wehmütigen Ausdruck im Gesicht.

Ein herzliches Wiedersehen war es nicht gerade, aber Vivi

war auch so froh. Endlich war die Familie wieder zusammen, und vielleicht würde ja doch noch alles gut.

„Du siehst gut aus, Mama", sagte Vivi zu ihr, um wenigstens einmal ihre Stimme zu hören.

„Du auch, Vivi", entgegnete sie. „Achte darauf, daß du richtig atmest, dann tut es nicht so weh. Konzentriere dich jetzt lieber auf die Geburt."

Das tat Vivi. Sie hatte schreckliche Angst, gleichzeitig aber war sie selig vor Glück. Bald würde sie ihren kleinen Lukas das erste Mal in den Armen halten. Wie er wohl aussehen würde? Welche Augenfarbe würde er haben? Würde er Haare auf dem Kopf haben oder eine Glatze? Hoffentlich hatte sich die Ärztin nicht geirrt, und es war wirklich alles in Ordnung ...

Im Morgengrauen des elften Mai kam Lukas zur Welt. Vivi war erschöpft und leicht benebelt von den Schmerzmitteln, aber sie strahlte, als sie den ersten Schrei des Neugeborenen hörte.

„Gratuliere", sagte die Hebamme. „Es ist ein Junge, gesund und kräftig sieht er aus."

„Mein Lukas", hauchte Vivi und streckte die Arme aus. „Geben Sie ihn mir ..."

Erstaunt und benommen sah sie, wie statt dessen die Mutter das Kind auf den Arm nahm und mit ihm den Raum verließ.

„Aber ... wo geht sie denn hin?", fragte sie verstört. Sie versuchte sich schwach aufzurichten. „Mama ... bring mir meinen Lukas, ich will ihn in die Arme nehmen ..."

„Vivi, du solltest jetzt schlafen“, sagte ihr Vater und griff nach ihrer Hand.

Ihre Augen weiteten sich. „Nein ... ich will meinen Sohn ... wo ist Lukas? Gebt ihn mir!“ Ihr kam ein furchtbarer Verdacht, und sie versuchte aufzustehen.

„Na, na, immer langsam mit den jungen Pferden!“, meinte die Hebamme. „Das ist doch noch zu früh ...“

Aber Vivi war nicht mehr zu halten. Sie riß sich von ihrem Vater los, der versuchte, sie festzuhalten, und schrie nach ihrem Sohn.

Die Hebamme rief eilig den Arzt herbei. „Die macht uns ja den Kreißsaal verrückt, was bildet die sich ein!“

„Gebt mir meinen Sohn!“, schrie Vivi verzweifelt. Hysterisch schlug sie um sich und mußte von der Hebamme und ihrem Vater festgehalten werden, damit der Arzt ihr ein Beruhigungsmittel injizieren konnte.

Als Vivi auf der Krankenstation erwachte, tastete sie sofort nach ihrem Kind, doch sie war allein. Verschwommen erkannte sie die Mutter an ihrem Bett.

„Was hast du getan?“, flüsterte sie, weiterhin von dem Mittel benommen. „Wo ist mein Sohn?“

„Er ist fort“, sagte die Mutter. „Bei Adoptiveltern.“

„Was?“

„Es war die einzige Möglichkeit, Vivi. Du bist noch zu jung, dich um ein Kind zu kümmern.“

„Ich … ich habe ihn nicht mal gesehen … wie konntest du nur …“ Vivi spürte einen schrecklichen Schmerz in sich, so mußte es sein, wenn einem das Herz brach. Es tat so weh, daß sie glaubte, es würde ihr die Brust zerreißen und sie müßte sterben. Sie war so kraftlos, daß sie nicht einmal mehr weinen konnte. „Gib mir meinen Lukas zurück“, wimmerte sie.

„Vivi, sieh das doch ein. Wo hättest du denn bleiben wollen mit dem Kind? Zu uns zurück kannst du mit ihm auf keinen Fall. Wenn du nur nicht so töricht gewesen wärst, das Kind zu bekommen!“

Vivi schluckte. „In Wirklichkeit geht's dir doch um was anderes“, flüsterte sie. „Wenn Lukas wie mein Vater aussieht, würden die Leute Fragen stellen …“

„Schweig!“, herrschte die Mutter sie an.

Vivi gelang ein leises, bitteres Lachen. „Sonst …?“, führte sie die Drohung weiter aus. „Willst du mich dann bestrafen? Du hast mich doch bereits aus dem Haus gejagt und mir Lukas weggenommen. Du kannst mir nichts mehr antun, Ma- … Mutter.“ Mama würde sie zu ihr nie mehr sagen, nicht nach all dem. Das war vorbei, von einem Augenblick zum anderen. „Und soll ich dir noch was sagen? Wer hier lügt und heuchelt, das bist du.“

Carola wurde blaß. „Ich verbiete dir, so mit mir zu reden!“

Vivi lachte noch einmal. „Hau ab“, sagte sie. „Ich will dich nie mehr wiedersehen. Verrotte mit dem Alten in eurem Scheißdorf!“

Die Mutter atmete schwer. „Du hast es so gewollt, Vivi“,

stieß sie schließlich hervor, während sie zur Tür ging. „Aber dann komm nie mehr angewinselt –"

„Du existierst doch gar nicht mehr für mich!", schleuderte Vivi ihr hinterher. „Ich kenne dich nicht!"

Die Tür schloß sich, und sie war allein. Einsamer denn je.

„Was machen Sie denn da?"

Vivi drehte sich langsam um. Eine Lernschwester stand vor ihr, mit einem Tablett Medikamente in der Hand.

„Wonach sieht's denn aus?", fragte sie leichthin, während sie sich wieder zum Spiegel wandte. „Ich schneide alte Zöpfe ab, das ist alles ..." Sie lächelte wie in Trance, und wie in Trance bewegte sie die Hand mit der Schere. „Schnipp-schnapp ..." Die letzte lange, blonde Haarsträhne fiel zu den anderen auf den Boden. Vivi schaute auf das fremde Mädchen im Spiegel, das sie mit trauerumflorten, tiefschattigen Augen und fingernagelkurzen, strubbeligen Haaren anblickte.

„Vivien, geben Sie mir die Schere." Ein Arzt war hinter ihr erschienen, den die verstörte Lernschwester wohl herbeigerufen hatte.

„Gern", sagte sie lächelnd. „Ich bin sowieso fertig." Sie drehte sich zu dem Arzt um und reichte ihm die Schere. Dann wurde sie ohnmächtig.

Als Vivi wieder zu sich kam, sah sie eine fremde Frau auf dem Stuhl neben ihrem Krankenbett sitzen. Sie versuchte sich aufzurichten und merkte, daß sie festgeschnallt war.

„Was soll das denn?", rief sie. „Machen Sie mich sofort los!"

Die Frau stand auf. „Fühlen Sie sich besser? Wir haben uns Sorgen um Sie gemacht."

„Mir fehlt überhaupt nichts! Nehmen Sie die Fesseln ab!" Vivi kämpfte wütend dagegen an.

„Nun, ich denke, die brauchen wir im Moment nicht." Die Frau öffnete die Verschlüsse.

Vivi richtete sich auf und rieb ihre Handgelenke. „Was heißt: Im Moment? Und wer sind Sie?"

Die Frau streckte ihr die Hand hin. „Ich bin Dr. Schüler und möchte mich gern mit Ihnen unterhalten."

Vivi ergriff die Hand nicht. „'ne Irrenärztin, stimmt's?", zischte sie. „Aber ich bin nicht bekloppt! Oder wie würden Sie reagieren, wenn man Ihnen Ihr gerade geborenes Kind einfach wegnimmt? Gegen Ihren Willen?"

„Genau darum geht es", meinte Dr. Schüler freundlich. „Ich verstehe Ihre Reaktion. Sie sind darüber sicher sehr verstört. Ich will Ihnen helfen, damit fertig zu werden."

„Fertig werden?" Vivis Blick ging ins Leere. „Das kann ich nur, wenn ihr mir meinen Lukas wiedergebt", flüsterte sie. Eine Träne stahl sich aus dem Augenwinkel und rollte die bleiche Wange hinunter. „Haben Sie Kinder?"

„Noch nicht."

„Dann können Sie auch nicht verstehen, wie mir zumute ist."

„Erzählen Sie es mir."

„Da gibt es nicht viel zu erzählen. Einerseits verspüre ich

einen schrecklichen Schmerz, andererseits totale Leere. Eine Mutter und ihr Kind gehören zusammen. Wenn man sie auseinanderreißt, kann das nie mehr … heilen …“ Sie verbarg das Gesicht in den Händen. „Nicht einmal sehen durfte ich ihn … ich habe nur seinen ersten Schrei gehört, dann hat meine Mutter ihn mir weggenommen … sie haben ihn fortgebracht, zu irgendwelchen fremden Leuten, die niemals so gut für ihn sorgen können wie ich … Lukas ist mein Kind und nicht ihres …“

„Wo sind Ihre Eltern jetzt?“

„Zu Hause, wo sonst? So weit weg wie möglich von ihrer mißratenen Tochter.“ Vivi sah die Ärztin an. „Wenn Sie mir wirklich helfen wollen, dann bringen Sie mir meinen Sohn zurück. Oder sagen Sie mir, wo er jetzt ist, und ich hole ihn mir selbst.“

„Tut mir leid, das darf ich nicht.“

„Dann verschwinden Sie.“

„Vivien, wir sollten –“

„Hören Sie schlecht? Gehen Sie! Ich kann auf Ihre guten Ratschläge verzichten! Das Einzige, was mir fehlt, ist mein Kind!“

Dr. Schüler stand auf. „Ruhen Sie sich aus. Ich besuche Sie morgen wieder.“

Als Vivi allein war, dachte sie wütend: „Morgen bin ich nicht mehr hier.“ Sie sah auf die Uhr. Es war kurz vor Fünf, die Hochbetriebszeit für Besuche im Krankenhaus. Sie stand auf und suchte im Schrank nach ihren Sachen. Alles war da … In

Windeseile zog sie sich an, kämmte notdürftig ihre verstümmelten Haare und schlich aus dem Zimmer. Niemand war auf dem Gang zu sehen. Sie erreichte den Lift und verließ kurz darauf unerkannt das Krankenhaus.

„Lukas", dachte sie, „jetzt werde ich dich finden."

Vivi wußte nicht, wo sie sich eigentlich befand. Aber das war ihr auch egal, sie dachte die ganze Zeit nur an Lukas, und daß sie ihn finden mußte. Sie war zu keinem vernünftigen Gedanken fähig. Ziellos rannte sie durch die Straßen, wurde beinahe von Autos überfahren, weil sie nicht auf rote Ampeln achtete, und wich nicht einmal anderen Fußgängern aus. In ihrem Kopf kreiste nur ein Gedanke.

„Lukas", hallte es in ihr, „Lukas, mein Lukas."

Sie bemerkte nicht die verwunderten Blicke, das Kopfschütteln oder sogar die Beschimpfungen der anderen Leute, mit denen sie zusammenstieß. Sie folgte eintönigen Straßenschluchten mit nichts als Mietskasernen links und rechts, stolperte durch Nebengassen und gelangte irgendwie wieder auf die Hauptstraßen. Der Lärm des Berufsverkehrs schmerzte, und sie hielt sich die Ohren zu. Ihre Augen konnten kaum den vorüberrauschenden Wagen folgen, und wenn sie abrupt stehenblieben – weil die Ampeln auf Rot standen –, wurde ihr schwindlig.

Irgendwie kam Vivi immer mehr Richtung Zentrum; allmählich machten die Mietskasernen den vielen Restaurants und

Kneipen Platz, Bäume säumten die Straßen, klotzige Kaufhäuser rückten immer näher heran.

Schließlich konnte Vivi nicht mehr weiter. Zu Tode erschöpft setzte sie sich auf ein niedriges Mäuerchen und stierte mit leerem Blick vor sich hin.

„He, was is'n mit dir los?"

Vivi kam halbwegs zu sich und sah auf. Zwei Mädchen und drei Jungs, von der abgerissenen Kleidung und den schrillen, bunten Haaren her eindeutig als Punker erkennbar, standen um sie herum. Die Jungs hatten Bierflaschen in der Hand und waren schon etwas wacklig auf den Beinen.

„Dich hab' ich hier noch nie gesehen", meinte eines der Mädchen. „Haste Durst?"

Vivi nickte. Sie bekam eine Bierflasche in die Hand gedrückt. Wortlos setzte sie an und trank. Das Bier war warm und abgestanden, aber es erfrischte sie trotzdem. „Danke."

„Haste Lust, mitzukommen?", fragte einer der Jungs. „Wird bestimmt 'n Spaß!"

Vivi zögerte nicht lange. Sie war einsam und unglücklich; seit Monaten war sie nicht mehr mit Gleichaltrigen zusammengewesen. Sie hatte keine Kraft mehr, wie eine Verrückte herumzulaufen; am Ende sprang sie noch von einer Brücke, nur weil sie nicht mehr weiter wußte. Diese Clique machte einen fröhlichen Eindruck und würde sie bestimmt aufheitern. Vielleicht konnten sie ihr sogar später bei der Suche helfen. Sie nickte.

„Eine Schande ist das, wirklich eine Schande!“, keifte Tante Gertraud, als sie Vivi von der Polizei abholten. „Du stinkst abscheulich, und du bist ja immer noch besoffen!“

Vivi hatte ein paar Stunden in der Ausnüchterungszelle verbracht, aber die hatten natürlich nicht gereicht, um den Alkohol völlig abzubauen. Sie mußte gestützt werden, sonst wäre sie unweigerlich umgefallen.

„Wir haben sie während der Streife in einer ziemlich heruntergekommenen Gegend zwischen Mülltonnen gefunden“, berichtete der diensthabende Polizist. „Sie war sternhagelvoll und halb bewußtlos. Da sie keinen Ausweis bei sich hatte, mußten wir sie erst mal einigermaßen zu sich bringen, damit sie uns Ihre Telefonnummer geben konnte. Sonst hätten wir Sie schon früher angerufen. Sie können sie jetzt mitnehmen.“

„Vielen Dank“, sagte Onkel Eberhard höflich. „Das ist wirklich sehr freundlich von Ihnen. Wir waren in großer Sorge um sie, das hat sie noch nie gemacht. Allerdings hat sie auch einen großen Kummer zu bewältigen, nur deshalb ist es passiert.“

„Na, wollen's hoffen“, murmelte der Polizist nicht sehr überzeugt. Er hatte wohl schon zu viele ähnliche Fälle gehabt.

Auf dem Weg zum Auto keifte Tante Gertraud weiter: „Was hast du dir eigentlich dabei gedacht, einfach aus der Klinik wegzulaufen? Und wie siehst du überhaupt aus, mit deinen Haaren? Du gehörst eher in die Klapsmühle, als zu uns nach Hause!“

„Sei still, Gertraud, das geht nicht“, mahnte Onkel Eberhard. „Wir müssen Vivi bei uns aufnehmen, sonst gibt es Ärger mit dem Jugendamt." Er nahm Vivi und warf sie wie einen nassen Sack auf den Rücksitz des Autos. „Hör zu, Vivi: Wenn du weiter bei uns wohnen willst, wirst du dich ab sofort anständig benehmen, klar? Und im Herbst gehst du auf die Hauswirtschaftsschule, wir haben dich bereits angemeldet. Ab sofort gilt wieder der uneingeschränkte Hausarrest, und du wirst daheim alles gründlich sauber machen. Das wird dich auf andere Gedanken bringen! Uns wird schon genügend einfallen, wie wir dich bis zum Herbst beschäftigen, da wird dir Hören und Sehen vergehen!"

Das verging Vivi jetzt schon. Sie verdrehte die Augen und begann zu würgen. Gleich darauf kam ihr der gesamte Mageninhalt hoch und verteilte sich auf dem Rücksitz.

Die Reinigung des Wagens wurde von einem tobenden Onkel Eberhard ebenfalls auf die Liste gesetzt. Tante Gertraud mußte mit der U-Bahn nach Hause fahren, weil sie den Gestank nicht ertragen konnte.

11.

Über den Verlust ihres Kindes kam Vivi nicht hinweg. Sie sprach jedoch nicht mehr darüber, wie damals bei dem Goldhamster auch, und ebenso hielten es Onkel und Tante. Genauso wie Goldie schien nun Lukas niemals existiert zu haben.

Aber der Schmerz blieb, tief in ihr. Vivi wurde teilnahmslos. Sie machte alles, was man ihr auftrug, aber völlig gleichgültig. Als der Herbst kam, ging sie auf die Hauswirtschaftsschule, aber sie war nur körperlich anwesend. Wie eine Schlafwandlerin ging sie umher. Nach dem Unterricht streifte sie oft stundenlang durch Berlin, immer auf der Suche nach ihrem Sohn. Nach wie vor hatte sie kein Auge für die Stadt, es war ihr völlig egal, wo sie sich befand. Monatelang ging das so. Onkel und Tante fragten sie nie, wie es ihr ging. Sie trugen ihr lediglich Arbeiten auf, ließen sie bei sich essen und wohnen – das war alles.

Die Jugendlichen von der Straße kannten Vivi inzwischen, weil sie immer dieselben Wege ging. Man kam ins Gespräch, und unter den Gleichaltrigen taute Vivi allmählich auf. Nach und nach kehrte Leben in sie zurück. Die anderen konnten ihr begreiflich machen, daß es besser war, nicht ständig wie eine

Verrückte durch die Stadt zu irren, sonst würde sie eines Tages noch in der Klapsmühle landen.

„Und dazu biste eindeutig zu jung", meinte Rolf, ein typischer Hans-Dampf-in-allen-Gassen. Er war oft Rädelsführer bei irgendwelchen Aktionen wie Hausbesetzungen, unangekündigten Demonstrationen und so weiter, obwohl er sich für all das gar nicht wirklich interessierte. Es machte ihm einfach Spaß, Unruhe zu stiften.

Er hatte einen Narren an Vivi gefressen, weil er bisher kein Mädchen wie sie gekannt hatte – eine Landpomeranze, ein bißchen verrückt, ziemlich verschlossen. „Du solltest dich lieber am Leben freuen!" riet er ihr.

Vivi hatte es Rolf zu verdanken, daß sie nicht in die Drogenszene abrutschte. Labil, wie sie bereits war, hätte es kaum noch einer Überredung bedurft, „mal" etwas auszuprobieren, das sie die Welt leichter ertragen ließ.

Aber Rolf merkte rechtzeitig, wie gefährdet Vivi war und sorgte dafür, daß kein Junkie oder Kleindealer in ihre Nähe kam. Mit Argusaugen wachte er über sie und führte sie herum, um ihr die abgestürzte Welt zu zeigen, in der sie unweigerlich landen würde, sollte sie der Verführung erliegen.

„Es ist nix dabei, sich mal die Birne mit Alk vollzudröhnen", sagte er mit der ganzen Weisheit seiner neunzehn Jahre, „aber nicht andauernd. Und der Drogenscheiß bringt dich ziemlich schnell um. Außerdem macht er 'nen Schweizerkäse aus deinem Hirn."

Vivi begriff, was er meinte. Und sie wollte keinesfalls ein Gehirn, das wie ein Sieb war. Dann hätte sie vielleicht Lukas und ihre Suche vergessen. Daran klammerte sie sich. Rolf wußte nichts von Lukas, und das war auch nicht notwendig. Die Hauptsache war, daß er ihr beistand – und daß sie die Hoffnung nicht aufgab, ihren Sohn wiederzufinden.

In Rolfs Clique fühlte Vivi sich bald wohl. Sie blühte wieder auf, nahm zu und bekam Farbe ins Gesicht. Sie dachte sogar daran, sich die Haare wieder wachsen zu lassen.

Nur um die nachgewachsene Mähne am ersten Geburtstag von Lukas, am elften Mai, erneut abzuschneiden und sich ein zweites Mal in ihrem Leben bewußtlos zu trinken.

Diesmal war Rolf mit dabei, und sie erwachte nicht neben einer Mülltonne oder in einer Zelle, sondern in seiner Wohnung. Neben ihm, und sie hatte nichts mehr an.

Es war das erste Mal, daß Vivi mit jemand anderem als ihrem Vater zusammen gewesen war – und sie konnte sich an nichts mehr erinnern. Sie war so erschüttert, daß sie zu weinen anfing und sich zitternd an den Bettrand kauerte.

Rolf, der mit einem gewaltigen Kater zu sich kam, verstand zunächst gar nicht, was los war. Dann lachte er Vivi aus, sich nicht so anzustellen. Irgendwann sei es eben unausweichlich, daß das passierte, und für sie sei es schließlich nicht das erste Mal gewesen. Als Vivi nicht aufhörte zu weinen, beschimpfte er sie als hysterische Zicke und warf sie hinaus.

Einige Wochen lang redeten sie nicht mehr miteinander. Dann merkte Vivi, daß eine Wandlung in ihr vorging. Rolf hatte sich zwar nach der durchzechten Nacht nicht besonders gut verhalten, aber sonst hatte er ihr sehr viel geholfen. Vielleicht sollte sie die Schuld eher bei sich suchen; Rolf war ein netter Kerl und momentan ihr einziger Halt.

Sie suchte ihn an seinem gewohnten Platz bei einer Kneipe auf und sagte schüchtern: „Wollen wir uns wieder vertragen? Es tut mir leid. Ich bin eben so."

Er grinste; nachtragend war er nicht. „Du bist ziemlich bekloppt", war sein einziger Kommentar.

Das nächste Mal, als sie mit zu ihm ging, war sie nüchtern. Sie wollte wissen, ob es ihr jemals möglich sein würde, normal mit einem Mann zusammenzusein. Unterschwellig war auch der Wunsch dabei, wieder schwanger zu werden. Ein zweites Kind würde sie aus der Gefangenschaft bei Onkel Eberhard herausreißen, wenn der Vater des Kindes volljährig und nicht ihr eigener Vater war. Sie würde dann einfach ausreißen, zu Rolf ziehen und eine eigene Familie haben. Sie würde Rolf und das Kind verwöhnen, für sie sorgen, und alle hätten sich lieb.

Rolf machte ihr jedoch schnell einen Strich durch die Rechnung. „Ohne Gummi läuft bei mir gar nix", sagte er. „Hab' ich nicht mal damals vergessen. Ich will kein Risiko eingehen. Und du sicher auch nicht, schließlich biste ja noch minderjährig. Was sollteste denn mit 'nem Balg anfangen, oder ich erst!"

Damit war die Beziehung zu Rolf endgültig gestorben.

Als Vivi merkte, daß sie sich nicht mehr übergeben mußte, wenn sie mit einem Mann intim wurde, den sie mochte, ging sie auf die rastlose Suche nach dem potentiellen Vater ihres nächsten Kindes.

Onkel Eberhard und Tante Gertraud machten ihr die heftigsten Vorwürfe, weil sie sich „immer herumtrieb", was sich nicht gehöre, und wenn sie so weitermache, würde sie aus der Wohnung fliegen. Aber Vivi ließ sich nicht mehr einschüchtern; sie ignorierte die beiden einfach und machte, was sie wollte.

Den Kontakt zu ihrer ehemaligen Clique in ihrem Heimatdorf brach sie völlig ab. Sie wußte, daß sie sich inzwischen zu weit voneinander entfernt hatten; und der Schmerz wäre zu groß gewesen, wenn sie mit Sabine oder Petra gesprochen hätte. Sie stellten eine untrennbare Verbindung zu ihrer Kindheit und ihren Eltern dar; sie würde bestimmt einiges erfahren, was sie gar nicht mehr wissen wollte. Sie hatte die Eltern aus ihrem Leben gestrichen, und konsequenterweise auch das gesamte Umfeld.

Onkel Eberhard telefonierte wie früher immer mal mit seinem Bruder, aber dann verließ Vivi jedesmal demonstrativ die Wohnung, um zu demonstrieren, daß er nichts von ihr zu erzählen und hinterher nicht mit frisch eingetrichterten Verhaltensmaßregeln anzukommen brauchte.

Onkel und Tante gewöhnten sich schließlich daran, daß Vivi eigene Wege ging. Immerhin wurde sie weder von der Polizei aufgegriffen, noch wurde sie schwanger, und sie stellte auch in der Wohnung nichts an. Damit war sie wenigstens insoweit anständig, als daß es in der Nachbarschaft kein Gerede gab. Das das war ihnen das Wichtigste, und so gaben sie es auf, Vivi Vorschriften zu machen.

Vivis Plan, zur Dämpfung ihres Schmerzes wieder schwanger zu werden, funktionierte nicht. Sie hatte zwar keine Schwierigkeiten, Verehrer zu finden, denn sie war hübsch und verstand es, auf sich aufmerksam zu machen. Aber sobald die jungen Männer merkten, woran ihr wirklich gelegen war, suchten sie sehr schnell das Weite.

Immer wieder wurde Vivi enttäuscht. Sie wollte nicht einsehen, daß es einfach zu früh für einen solchen Schritt war. Sie war so besessen von ihrem Wunsch nach einer eigenen Familie, daß sie es nicht schaffte, sich auf sich selbst zu konzentrieren und Pläne für die Zukunft zu schmieden. Eine Ausbildung zu machen, sich auf eigene Füße zu stellen, das Leben erst einmal zu genießen, bevor sie eine Verantwortung übernahm, die ein ganzes Leben bleiben würde. Sie sehnte sich verzweifelt nach Geborgenheit, einem innigen Band, das Freunde ihr nicht geben konnten. Sie hatte nur noch das Gefühl, daß niemand sie liebte.

Eines Tages trat Günther Riedholzer in Vivis Leben und veränderte alles. Vivi war inzwischen volljährig geworden. Die Hauswirtschaftsschule hatte sie nie abgeschlossen, ebenso eine Lehre nach der anderen angefangen und wieder hingeworfen.

Onkel und Tante hatten es aufgegeben, sie zu einer „anständigen“ Arbeit mit geregeltem Einkommen anzutreiben. Vivi hing meistens mit ihren Freunden herum, und wenn sie Geld brauchte, jobbte sie mal als Aushilfskellnerin, mal bei McDonalds, immer dort, wo gerade jemand gebraucht wurde. Nach Vivis achtzehntem Geburtstag bestanden Onkel und Tante darauf, daß sie von nun an ihren Beitrag zur Wohnungsmiete leistete, natürlich zusätzlich zur Hausarbeit. Vivi rechnete anhand der Quadratmeterzahl auf Heller und Pfennig ihren Beitrag aus, addierte einen Kostanteil dazu und warf ihnen das Geld in bar buchstäblich vor die Füße.

Sie nahmen es trotzdem anstandslos an und Vivi begriff, daß sich das nun jeden Monat so abspielen würde. Da sie jetzt volljährig war, machte sie sich sowieso lieber auf die Suche nach einer eigenen Wohnung.

Und dabei lernte sie Günther kennen.

Er war von Anfang an anders als alle Männer, die Vivi zuvor gekannt hatte. Er war 25 Jahre alt, athletisch gebaut und sah gut aus – und er hatte Geld. In seinem Solarium-gebräunten Gesicht blitzte ein Paar blaue Augen und das dichte blonde Haar sah immer ein wenig verweht aus. Besonders sein symphatisches Lächeln hatte es Vivi angetan.

Günther kam gerade die Straße entlang, als Vivi zu einer Wohnungsbesichtigung gehen wollte. „Wohin des Weges, hübsches Kind?“, fragte er lässig.

Vivi fand das eine komische Anmache, aber Günther hatte irgend etwas an sich, das ihr gefiel. „Ich will mir eine Wohnung ansehen“, antwortete sie.

„Da mußt du ganz schön aufpassen“, meinte er, „der Makler hier kassiert Bestechungsgelder.“ Ganz selbstverständlich begleitete er Vivi hinauf in den dritten Stock, wo schon viele Leute warteten. Der Makler nahm sich tatsächlich sehr wichtig, verteilte seitenlange Fragebögen, die eine demütigende Offenbarung verlangten, redete über die Kosten und vor allem die Ablöse für die Küche, deren Preis Verhandlungsbasis sei.

Daraufhin verschwanden einige Leute, aber es blieben genug Verzweifelte übrig. Die Wohnung war allerdings in miserablem Zustand und ihr Geld nicht wert. Die „Küchenablöse“ war für drei billige, uralte Hängeschränke, eine versiffte Spüle und einen verdreckten Herd gedacht.

Bevor Vivi mit dem Ausfüllen der Fragebogen anfangen konnte, stritt sich Günther bereits mit dem Makler, beschimpfte ihn als üblen Betrüger, der sich an der Not anderer bereichere, und zog das Mädchen aus der Wohnung.

„Mädchen, das hast du nicht nötig“, sagte er auf dem Weg nach unten. „So weit kommt's noch. Am Ende will er die Ablöse noch in Naturalien von dir oder so.“

Vivi war völlig überrumpelt. Zum ersten Mal in ihrem Leben nahm jemand für sie etwas in die Hand – noch dazu ein total Fremder.

„Na, ganz so fremd sind wir uns gar nicht“, behauptete

Günther forsch. „Im ‚Blacklight' haben wir sogar schon mal miteinander getanzt. Du warst mit einer blonden Bohnenstange da, Rolf oder so."

„Das stimmt!" Vivi kramte in ihrem Gedächtnis und erinnerte sich dann tatsächlich. Deshalb war er ihr gleich so vertraut vorgekommen! Sie waren sich mehrmals im ‚Blacklight' begegnet und hatten sich gut verstanden, obwohl sie sich nicht einmal ihre Namen genannt hatten. Aber Vivi war davon ausgegangen, daß jemand wie Günther sich nicht für ein Mädchen wie sie interessieren würde.

Sie wurde eines Besseren belehrt. Er schien sich sehr zu freuen, sie wiederzusehen und endlich zu erfahren, wie sie hieß. Von diesem Moment an waren sie unzertrennlich.

Vivi wurde verwöhnt wie noch nie in ihrem Leben. Günther holte sie ab, entweder zum Ausgehen, oder wenn sie abends arbeitete, und brachte sie wieder zurück. Er lud sie zum Essen ein, in die Disco, zu einer Stadtrundfahrt.

Endlich lernte Vivi Berlin kennen. Und es machte ihr sehr viel Spaß.

„Warte nur, bis dieser Zuhälter dich auf die Straße schickt", bemerkte Tante Gertraud, die Günther nicht ausstehen konnte.

„Das kann dir doch egal sein", erwiderte Vivi patzig.

Sie ließ sich diese Beziehung nicht vermiesen. Zum ersten Mal in ihrem Leben hatte sie jemanden gefunden, der nicht nur an sich dachte. Günther wollte alles über sie wissen, ihr ganzes

Leben. Als er von Lukas erfuhr, ging er mit ihr sogar zum Amt für Adoptionen, um herauszufinden, wo der Junge jetzt war. Dort war man sehr freundlich zu Vivi, machte ihr aber unmißverständlich klar, daß sie ihr Kind nie mehr wiedersehen durfte. Das seien die Adoptionsbedingungen. Und selbst wenn man ihr das Kind gegen ihren Willen weggenommen habe, sei es jetzt zu spät. Sie sei minderjährig gewesen und die Eltern als Erziehungsberechtigte hätten die Entscheidungsgewalt. Ja, natürlich könne sie vor Gericht gehen, aber das würde viele Jahre in Anspruch nehmen und mehr Geld kosten, als sie in ihrem Leben je verdienen würde. Und sie solle sich überlegen, was für das Kind gut sei, das, soviel könne man ihr versichern, in sehr ordentlichen Verhältnissen heranwachse.

Für Vivi brach eine Welt zusammen. Aber Günther, immer optimistisch, meinte: „Vivi, du mußt lernen, darüber hinwegzukommen. Es gibt noch viele Möglichkeiten. Dann bekommst du eben noch ein Kind, und das gehört dann wirklich dir."

„Wie meinst du das?" Sie sah ihn fragend an.

Er grinste jungenhaft. „Na, wie ich's sage. Ich finde Kinder nämlich sehr nett und will selber mal welche. Aber, verzeih mir, Vivi, noch nicht gleich. Und du solltest auch noch warten ... sagen wir, eine gewisse Probezeit? Bis wir festgestellt haben, ob wir zusammenpassen?"

Das war die Einladung für Vivi, zu ihm zu ziehen. Günther hatte noch eine Menge gute Argumente auf Lager: Sie suche ja sowieso eine Wohnung, und er habe viel Platz. Alles sei ganz ohne Verpflichtung. Wenn sie feststellten, daß sie doch nicht zusammenpaßten, könne sie doch immer noch eine Wohnung suchen. „Aber sei ehrlich, Vivi, du willst nicht allein leben, und auch nicht mit einer Freundin. Du suchst einen Mann, stimmt's?"

Das mußte sie zugeben. Und Günther gestand, daß er sie sehr gern habe, zwar das Wort „Heiraten" äußerst abschreckend fände, aber er würde trotzdem gern den Versuch wagen, mit ihr zu leben.

Innerhalb einer Stunde hatte Vivi ihre wenigen Habseligkeiten gepackt, die Günther in seinem Cabrio stapelte. Sie wartete nicht einmal, bis Onkel und Tante von der Arbeit zurück waren, sondern legte lediglich einen Zettel hin: „Endlich seid ihr mich los. Ich ziehe aus. Da ich volljährig bin, erwarte ich nicht, daß ihr nach mir sucht. Vivi."

Das war der letzte Abschied von ihrer „Familie". Vivi hatte keine Tränen mehr übrig; vielmehr sah sie endlich nach vorn. Sie saß glücklich neben Günther, der es immer verstand, sie zum Lachen zu bringen.

12.

Ihren neuen Lebensabschnitt begann Vivi mit Elan. Sie ließ es sich nicht entgehen, in Günthers großzügiger Galeriewohnung das Zepter in die Hand zu nehmen und ihn nach Strich und Faden zu verwöhnen.

Er war der erste Mann, der sie nach ihren Wünschen und Bedürfnissen fragte und sich sehr viel Zeit ließ. Zwei Wochen nach ihrem Einzug hatte er sie immer noch nicht verführt, sondern wartete darauf, daß sie auf ihn zukam.

Doch Vivi war so beschäftigt gewesen, ihr neues Leben aufzubauen, daß sie gar nicht mehr an Sex dachte. Sogar ihr Kinderwunsch war in den Hintergrund getreten.

Erst, als allmählich der normale Alltag einkehrte, merkte sie, wie Günthers Blicke auf ihr ruhten, und daß es bei ihr ein Kribbeln auslöste.

Sie spürte, daß sie ihn wollte. Ohne Zwang, ohne Hintergedanken, einfach nur, weil sie ihn liebte – und ihn begehrte. Sie wollte wissen, ob er im Bett ebenso rücksichtsvoll war wie im „normalen“ Leben.

Und sie wurde nicht enttäuscht.

Vivis Herz ging auf. Sie hatte endlich ihr Glück gefunden. Sie konnte Günther mit Liebe überschütten, und er gab ihr ebenso viel zurück.

Eines Tages wollte Vivi wissen, womit Günther sein Geld verdiente. Bisher hatte sie es in vollen Zügen genossen, verwöhnt zu werden, im Luxus – ihre Ansprüche waren da nicht sehr hoch – zu schwelgen und nicht ständig nachrechnen zu müssen, wie lange das Geld noch reichte.

Sie konnte endlich neue CDs kaufen und ohne Ende Musik aus einer tollen Stereoanlage hören. Sie konnte so oft ins Kino gehen, wie sie wollte, und Videofilme ausleihen.

Irgendwann jedoch begann sie sich zu fragen, wo das viele Geld herkam – denn Günther hatte keine festen Arbeitszeiten, und war überhaupt die meiste Zeit zu Hause oder mit dem Auto unterwegs.

„Ich bin Geschäftsmann", antwortete er auf ihre Frage. „Eine Art Zwischenhändler – ich kaufe hier ein und verkaufe dort mit Gewinn weiter. Durch meine Beziehungen komme ich günstig an Hi-Fi-Geräte und all so was. Wenn du willst, nehme ich dich mal zu einer Transaktion mit."

„Ja, gerne!", sagte sie eifrig.

„Du könntest mir überhaupt einen Gefallen tun", fuhr er fort. „Wenn du heute abend losgehst, nimmst du bitte einen Umschlag für mich mit? Dann muß ich nicht extra zur Post."

„Soll ich ihn einwerfen?"

„Nein, im Lokal wird jemand vorbeikommen und ihn abholen. Das ist der schnellste und kürzeste Weg. Außerdem habe ich nicht das geringste Zutrauen zur Post."

„Ja, klar, mach ich doch gern." Vivi war glücklich, daß Günther sie endlich einmal um etwas bat. Bisher war immer nur sie die Nehmende gewesen, er kümmerte sich um alles, und sie kam sich schon ein bißchen dumm vor. Sie hatte befürchtet, daß er ihr irgendwann vorwerfen könnte, sie würde ihn ausnutzen.

So gewöhnte Vivi sich an, Günther kleine Gefälligkeiten zu erweisen, wenn er zu beschäftigt war. Meistens waren es bloß irgendwelche Umschläge oder Päckchen, die sie jemandem vorbeibrachte, oder zur Arbeit mitnahm, die dann abgeholt wurden. Vivi hatte trotzdem das Gefühl, daß sie Günther ausnutzte und hätte gern mehr für ihn getan. Aber er ließ es nicht einmal zu, daß sie einen Teil ihres Verdienstes zum Haushalt beisteuerte.

„Ich hab' vorher auch sehr gut ohne dich überlebt", erklärte er. „Es ist dein Geld, und du kannst damit machen, was du willst. Kauf dir doch Klamotten!"

„Aber du hast mir schon so viele gekauft."

„Dann kauf dir mehr! Gib es aus für Dinge, die dir gefallen, und erfreue dich daran."

Vivi mußte also weiterhin mit ihrem schlechten Gewissen leben; sie war es einfach nicht gewohnt, daß jemand mal nicht von ihr forderte, sondern ihr im Gegenteil sehr viel gab – mehr, als sie brauchte.

Darum bezahlte sie trotzdem einen Großteil der Lebensmittel und erledigte die kleinen Gefälligkeiten, um die Günther sie bat, mit noch größerem Eifer. So nach und nach lernte sie seine Geschäftspartner kennen – Frankie, Bertl, Jo -; alle stets so gut drauf wie er, wenn auch nicht so gutaussehend. Sie brachten Vivi manchmal sogar kleine Aufmerksamkeiten mit, wenn sie etwas bei ihr abholten; Blumen, eine Brosche oder köstliche Pralinen. Sie freute sich immer sehr darüber. Alle waren nett zu ihr, doch keiner kam ihr jemals zu nahe; sie respektierten, daß sie zu Günther gehörte.

Eines Tages nahm Günther sie mit zu einer „Transaktion“. Sie fuhren in einen Hinterhof, wo sich das Lager eines Elektro- und Hi-Fi-Ladens befand. Frankie und Jo, beide aus Berlin, und Bertl aus Bayern waren ebenfalls vor Ort, sie warteten mit einem blauen Lieferwagen, der das Logo einer großen Elektrokette trug.

„So, und jetzt tu mir einen Gefallen, Vivi, und achte darauf, daß niemand hier reinfährt“, bat Günther seine Freundin. „Dann gibt es nämlich ein Riesenchaos. Diese Verladeaktion muß sehr schnell gehen, denn du ahnst ja nicht, was die Leute immer dazwischen zu quatschen haben. Wenn dir irgendwas komisch vorkommt, gibst du mir Bescheid, ja?“

„Klar.“

Frankie klatschte sich plötzlich mit der Handfläche gegen die Stirn. „Hat einer von euch an den Auftragsschein gedacht?"

„Nee", antwortete Jo, und Bertl brummte verlegen.

„Na, dann wollen wir mal hoffen, daß keine Bullen vorbeikommen", meinte Günther. „Sonst gibt das wieder eine ewige Verzögerung, und dann bekommen wir Ärger wegen der verspäteten Auslieferung."

„Ich paß' schon auf", versprach Vivi.

In Windeseile packten die jungen Männer den Lieferwagen mit Fernsehern, Stereoanlagen, Mikrowellen, und was sich sonst noch so alles fand, voll. Vivi stand die ganze Zeit an der Hofeinfahrt und beobachtete den Verkehr, aber niemand interessierte sich für ihr Treiben.

Als sie fertig waren, sprang Günther in sein Cabrio und rief Vivi zu sich. „Komm, es geht los."

Sie fuhren vom Zentrum Richtung Tiergarten und bogen schließlich von den Hauptstraßen ab.

„Das ist aber 'ne komische Gegend", stellte Vivi fest. „Wer hat denn hier die Kohle für solche Geräte?"

„Wirst du gleich sehen." Günther bog in einen anderen Hof ein, der sich abgesehen vom Dreck in nahezu nichts von dem unterschied, wo sie gerade herkamen. Auch hier gab es ein Lager, das offenstand.

Bertl, der einen LKW-Führerschein besaß, rangierte den Lieferwagen gekonnt rückwärts an die Rampe heran. Die Sachen waren im Handumdrehen ausgeladen. Ein etwa sechzig Jahre alter Mann, fett und schwitzend, mit schmierigen Haaren und einer dicken Zigarre im Mund, kam aus einem Hintereingang eines der Wohnblocks.

„Tag Karel, heute haben wir eine Menge“, begrüßte Günther den Mann. „Zähl es durch, die Abrechnung erfolgt wie immer. Bis dann.“

Damit stieg er wieder ein und fuhr los. Vivi machte ein ziemlich nachdenkliches Gesicht; ihr war einiges gedämmert.

„Hast du verstanden, was da gelaufen ist?“, fragte Günther Vivi, als sie zu Hause angekommen waren.

„Klar. Denkst du, ich bin blöd?“

„Natürlich nicht. Und, ist das ein Problem für dich?“

„Daß du klaust?“

„Ja.“

„Mich ärgert, daß ich es nicht längst kapiert habe.“ Vivi ließ sich aufs Sofa fallen. Sie machte ein beleidigtes Gesicht. „Und wenn was schiefgegangen wäre, würde ich jetzt wieder in der Scheiße hocken!“

„Tust du aber nicht, Herzblatt“, erwiderte Günther heiter. Er ging zum Barschrank und mixte zwei Drinks. „Die Sache ist nahezu granatensicher. Es läuft alles am hellichten Tag ab, unter den Augen einer Menge Leute, und keiner schnallt das. Wir verlegen uns immer auf eine andere Gegend und schlagen zu den unterschiedlichsten Zeiten zu. Keinem geschieht was, alles geht schnell und sauber.“

Vivi preßte die Finger gegen die Stirn. „Ich könnte mich ohrfeigen, auf dich hereingefallen zu sein!"

Günther stellte die Gläser vor sie auf den Tisch und ließ sich neben sie fallen. „Hör mal zu, Vivi, ich hätte dir das nicht offenbart, wenn ich dir nicht voll vertrauen könnte. Du hast mich jetzt in der Hand und könntest einfach zur Polizei gehen."

Sie funkelte ihn an. „Für wen hältst du mich eigentlich?"

Er legte den Arm um ihre Schulter und drückte sie. „Schätzchen, ich weiß genau, was ich an dir habe. Und ich liebe dich. Das, was ich tue, hat doch nichts mit uns beiden zu tun."

„Aber es ist Unrecht."

„Vivi, das wundert mich aber. Du selbst hast mir doch erzählt, daß du im Einkaufszentrum wie ein Rabe geklaut hast."

„Das ist was anderes."

„Ach?" Er musterte sie mit hochgezogenen Brauen und lachte lauthals.

Vivi schmollte. Sie rückte von ihm ab und spielte mit dem Rührstab in ihrem Glas. „Na, eigentlich nicht", gab sie schließlich zu.

„Na, siehst du." Er rückte zu ihr hin, drehte ihr Kinn mit einem Finger zu sich und küßte sie auf die Nasenspitze. „Vivi, du bist dein ganzes Leben beschissen worden. Niemand hat je etwas für dich übrig gehabt. Und das Schlimmste von allem – sie haben dir dein Kind gestohlen, ganz offiziell. War das etwa Recht?"

Ihre Lippen zitterten leicht. Stumm schüttelte sie den Kopf.

„Das ist sogar viel schlimmer", fuhr Günther fort. Seine Finger spielten in ihrem mittlerweile nachgewachsenen, langen Haar. „Vivi, die Gesellschaft hat für Leute wie uns nichts übrig. Sie stößt uns aus und begeht straflos ein Unrecht nach dem anderen an uns. Da ist es doch nur gerecht, es der Gesellschaft auf die gleiche Weise heimzuzahlen. Man hat dich so oft mit Füßen getreten, dein eigener Vater hat dir Gewalt angetan und fühlt sich immer noch im Recht. Und du willst weiterhin das dumme Entlein sein?"

„Nee", sagte sie. Sie nahm das Glas und prostete ihm zu. „War ja nur 'ne kurze moralische Anwandlung."

Vivi hatte tatsächlich kein Problem damit, wie Günther sein Geld „verdiente". Schließlich war er der Einzige, der je gut zu ihr gewesen war.

Sie verstanden sich blendend; sie liebten sich. Vivi wollte ihren Günther unter gar keinen Umständen mehr verlieren. Er war alles, was sie hatte. Und er redete immer noch von einer gemeinsamen Zukunft und Kindern – sobald seine Geschäfte genug eingebracht hätten, um dann finanziell abgesichert auf ehrlichem Pfad wandeln zu können. „Denn ich will meinen Kindern ein schönes Zuhause bieten, und sie sollen anständige Menschen werden und alle Chancen haben.

Darauf freute sich Vivi. Darauf arbeitete sie hin.

Manchmal gab es aber auch Rückschläge; ihr lieber Günther setzte nämlich gern auf Pferde und verlor nicht selten. Sie stellte ihn zwar zur Rede, doch machte er dann immer ein treuherziges Gesicht – Pferde seien nun mal seine Leidenschaft, und irgendwann werde schon einer der Klepper gewinnen. Wenn man mal damit angefangen habe, ließe einen das einfach nicht mehr los. „Ist wirklich ein Hobby."

„Ein teures Hobby, wandte Vivi ein."

Zeitweise war Günther völlig pleite, so daß sie von Vivis Verdienst leben mußten. Insgeheim war sie aber auch froh, weil sie endlich auch einmal etwas für Günther tun konnte. Sie plünderte sogar ihre bescheidenen Ersparnisse. Günther versprach ihr hoch und heilig, ihr alles zurückzuzahlen, es ginge ja nicht an, daß der Mann von der Frau lebe.

Vivi sah das Geld trotzdem nicht wieder. Aber das machte ihr nichts aus. Sie würde alles auf sich nehmen, wenn nur eines Tages ihr Wunsch von Kindern und einer eigenen Familie in Erfüllung ginge.

13.

Doch seit einer Weile gingen die Geschäfte nicht mehr gut. Der Hehler zog Günther und seine Freunde über den Tisch, gleichzeitig verloren sie riesige Summen beim Pferderennen. Da konnte auch Vivi nicht mehr in die Bresche springen, und wenn sie noch soviele Überstunden machte.

So hatte sie Günther noch nie erlebt. Wie ein Tiger im Käfig lief er auf und ab, raufte sich die Haare und suchte verzweifelt nach einer Möglichkeit, auf die Schnelle an Geld zu kommen. Das Schlimmste war, daß er bis zum Abend eine große Summe aufbringen mußte, anderenfalls würden „Geldeintreiber“ auf ihn angesetzt, die ihn und womöglich auch Vivi nicht zimperlich anfassen würden.

Vivi bekam es mit der Angst zu tun. Allmählich wurde ihr klar, wie tief Günther in der Klemme saß.

„Was sollen wir tun?“

„Ich weiß nicht, wir haben nur noch drei Stunden oder so … wenn ich wenigstens ein paar tausend Mark bekäme … oder ein paar Hunderter …“

„Und wenn wir mit diesen Leuten reden?“

„Mensch, Vivi, bist du naiv! Die machen uns fertig! Aber total! Ich hab' keine Lust, die nächste Zeit im Krankenhaus meine Knochen zusammenflicken zu lassen!"

Plötzlich veränderte sich Günthers Gesichtsausdruck. „Die große Tankstelle hinterm Berg, du weißt schon, die hat Tag und Nacht geöffnet. Die haben sicher 'ne Menge Kies in der Kasse!"

„Günther, was zum Teufel hast du vor?"

„Kapierst du denn nicht? Wir brauchen die Kohle noch heute. Un die Tankstelle ist die einzige Möglichkeit, auf die Schnelle an Bargeld zu kommen."

„Und wenn sie's weggebracht haben?"

„Wer sollte das Geld abholen? Meinst du, die leisten sich einen Sicherheitsdienst? Nee, die setzen immer ein paar Studentendeppen hin, die den Kopf hinhalten! Komm, Vivi, quatschen wir nicht lange rum!"

Von Günthers Panik angesteckt, zog Vivi sich schnell an.

„Wie willst du denn an das Geld rankommen?", fragte sie unterwegs.

„Mir wird schon was einfallen", murmelte er.

Zu der Tankstelle gehörte ein Shop; das bedeutete, daß es kein Nachtfenster gab. Wenn sie erst mal drin waren, würde sich schon eine Möglichkeit finden.

Vivi klopfte das Herz bis zum Hals, als sie die Tankstelle betraten. Nervös warteten sie einen Moment ab, an dem keine anderen Leute im Shop waren.

Vivi hatte gehofft, daß sich diese Gelegenheit nie ergeben würde und sie unverrichteter Dinge abziehen müßten. Aber das Schicksal erhörte sie nicht.

Günther war im Laden, bevor Vivi ihn zurückhalten konnte. Sie hatte ihn nicht mehr von seinem Plan abbringen können, obwohl ihre Bedenken immer größer geworden waren. Also mußte es jetzt schnell gehen – und sie sollte aufpassen, daß ihnen niemand in die Quere kam.

Sie blieb am Eingang stehen und beobachtete die Umgebung, während ihr Freund im Laden umherging. Plötzlich hörte sie, wie er scharf sagte: „Hände hoch und die Kohle her! Schnell!"

Sie warf einen Blick über die Schulter. Günther hatte offenbar beim Spielzeug eine täuschend echt aussehende Pistole entdeckt, die Verpackung abgerissen, und bedrohte damit jetzt den Kassierer, ein junger, hagerer Typ. Bleich im Gesicht öffnete er die Kasse. Den Helden wollte er hier offenbar nicht spielen.

Günthers Augen leuchteten, als er die vielen Scheine darin sah. „Komm her, Vivi, schnell!", befahl er. Als sie zu ihm kam, drückte er ihr die Pistole in die Hand. „Los, ziel auf ihn, während ich das Geld einsacke. Und wenn der Typ eine falsche Bewegung macht, knall ihn ab!"

Vivi umfaßte die Pistole mit beiden Händen, weil sie ihren zitternden Händen sonst entglitten wäre.

„Eine Tüte!", brüllte Günther. „Kerl, bist du lebensmüde? Wenn das nicht schneller geht, bist du tot!"

Als der junge Mann sich nach einer Tüte bückte, griff Günther nach einer Sektflasche und schlug den Kassierer mit aller Kraft nieder. Die Flasche blieb ganz, aber der Innendruck war zu hoch. Mit einem lauten Knall schoß der Korken wie eine Pistolenkugel aus der Flasche, und der Sekt schäumte und spritzte nach allen Seiten. Vivi riß Günther die Flasche aus der Hand. „Bist du verrückt?“

Günther achtete nicht auf sie, sprang über den Tresen und stopfte in Windeseile das Geld in eine Tüte, bevor er wieder zu Vivi kam. „Los, raus hier!“, keuchte er.

Vivi merkte, daß sie immer noch die Flasche in der Hand hielt, und stellte sie ab.

Sie rannten nach draußen. „Das ging ja wie geschmiert!“, jubelte Günther.

Einige Autos fuhren gerade an den Zapfsäulen vor.

„Du fährst!“, befahl Günther Vivi. „So fallen wir weniger auf!“

Vivi dachte nicht darüber nach, sie gehorchte einfach. Sie wollte so schnell wie möglich weg von hier.

Sie sprangen in den Wagen. Vivi merkte, daß sie immer noch die Spielzeugpistole in der Hand hielt und ließ sie auf die Straße fallen, bevor sie die Tür zuzog. Nervös drehte sie dann den Zündschlüssel, würgte voller Aufregung sofort den Motor ab.

„Mach schon!“, schrie Günther. „Ich höre Polizeisirenen!“

„Ich mach’ ja schon!“, rief Vivi verzweifelt zurück. Der Motor heulte auf, als sie im Leerlauf das Gaspedal voll durchtrat.

Sie schlug den ersten Gang krachend ein und schoß mit quietschenden Reifen los.

Kaum hatten sie die Straße erreicht, kam ihnen schon ein Polizeiwagen mit Blaulicht und Sirene entgegen.

„Scheiße!“, schrie Vivi angsterfüllt. „Günther, was machen wir jetzt?“

Sie hatten keine Chance, an dem Wagen vorbeizukommen. „Steig in die Bremsen!“, befahl Günther; Vivi gehorchte automatisch. Günther griff ins Lenkrad und riß es herum. Der Wagen geriet ins Schleudern. „Runter von der Bremse, voll aufs Gas, und laß das Lenkrad los!“ Das Cabrio fing sich wieder und röhrte donnernd in die entgegengesetzte Richtung, verfolgt von dem Polizeiwagen.

Die Außensprechanlage wurde eingeschaltet, und sie hörten das Kommando: „Achtung, der Fahrer des Golf Cabrio, halten Sie sofort am rechten Fahrbahnstreifen an und steigen Sie mit erhobenen Händen aus dem Auto! Dies ist unsere einzige Warnung, wenn Sie weiterfahren, werden wir schießen!“

Vivi wurde schlecht. „Mensch, Günther, laß uns keinen Scheiß bauen!“, schrie sie mit schriller Stimme. „Ich will nicht sterben! Laß mich anhalten!“

Günther machte ein verbissenes Gesicht. „Auf gar keinen Fall, Vivi! Du fährst weiter, wir müssen es nur bis zur nächsten Kreuzung schaffen ...“

„Die schießen vorher! Bitte, Günther, ich springe sonst raus und breche mir das Genick! Ich halte jetzt an, es ist vorbei!“, schrie Vivi außer sich vor Angst. Doch da trat Günther plötzlich von seinem Sitz aus mit seinem linken auf ihren rechten Fuß und drückte das Gaspedal herunter.

Der Golf heulte auf. „Bist du wahnsinnig?“, kreischte Vivi. Sie versuchte, das Kupplungspedal zu treten, aber Günther zerrte an ihrem linken Bein, während sie krampfhaft das Lenkrad umklammerte.

Vivi wurde leichenblaß, als sie sah, daß sie direkt auf eine Straßensperre zurasten. Ein Polizeiwagen versperrte quer die Straße, zwei Polizisten standen mit ihren Waffen im Anschlag davor.

„Günther, laß das Gaspedal los! Du bringst uns alle um!“ Verzweifelt kämpfte die junge Frau gegen ihren Freund, und verlor dabei die Kontrolle über den Wagen. Der Golf geriet erneut ins Schleudern und raste direkt auf den Polizeiwagen zu.

An den Rest konnte Vivi sich später nur noch bruchstückhaft erinnern. Es ging alles so schnell, und sie hatte unter Schock gestanden. Noch viele Nächte hindurch wachte sie schweißgebadet auf; sie hörte das donnernde Krachen und das Scheppern von Metall der aufeinanderprallenden Wagen; sie sah, wie Trümmerteile durch die Luft flogen, und irgendwo dazwischen waren die beiden Polizisten. Glücklicherweise waren Günther und sie angeschnallt gewesen, der sich bei dem Aufprall automatisch entfaltende Airbag nahm Vivi die Sicht und raubte ihr fast den Atem.

Nach einer Weile wurde es still. Vivi war in den Sitz gepreßt, sie zitterte am ganzen Leib und wimmerte: „Das wollte ich nicht, das wollte ich nicht …“

Von der anderen Seite hörte sie ein gedämpftes: „Blöde Kuh!“, der einzige Kommentar ihres Freundes.

Sie stand immer noch unter Schock und stammelte schluchzend: „Ich wollte doch anhalten, aber der Wagen brach aus … ich wollte das doch nicht … es tut mir so leid …“

Jemand fragte, ob sie verletzt sei, aber sie wußte es nicht. Willenlos ließ sie sich abführen, aufs Polizeipräsidium bringen, wo ein Gerichtsmediziner sie zuerst untersuchte, bevor sie in den Verhörraum geführt wurde.

Als sie dort eine Weile allein saß, kam sie allmählich wieder zu sich und begriff, daß alles schiefgegangen war und ihr Schreckliches drohte.

„Das kann doch nur ein böser Traum sein“, dachte Vivi verzweifelt.

Es war jedoch kein Alptraum, sondern schreckliche Realität. Vivi fragte sich, wie das nur passieren konnte.

Daß es überhaupt so weit kommen konnte, war hauptsächlich Günthers Schuld. Wie war er nur auf diese blöde Idee gekommen? So kannte sie ihn gar nicht. Sie verstand zwar, daß er in Panik gewesen war und keinen Ausweg mehr gewußt hatte. Aber solche planlosen Überfälle gingen ja meistens schief; und die Tankstellen waren heutzutage gut abgesichert. Bestimmt hatte der Kassierer Zeit gehabt, über eine Notruftaste stillen

Alarm bei der Polizei auszulösen – die ausnahmsweise sofort angerückt war.

„Warum mußte das alles schiefgehen? Es wäre doch nur das eine Mal gewesen“, dachte sie verzweifelt.

Vivi hoffte, daß Günther den Jungen von der Tankstelle nicht zu brutal niedergeschlagen hatte. Da man sie beide das erste Mal erwischt hatte, und sie nicht vorbestraft waren, hoffte sie, daß die Richter milde urteilen würden. Außerdem war die Pistole nur ein Spielzeug gewesen.

Schließlich öffnete sich die Tür, und ein Mann und eine Frau kamen herein. Der Mann stellte sich als Hauptkommissar Müller vor, die Frau als Kommissarin Schatz.

„Wie geht es den Polizisten?“, war Vivis erste bange Frage. Nicht auszudenken, wenn sie zwei Menschen überfahren hatte – und diese am Ende für ihr Leben geschädigt waren ... oder vielleicht sogar tot?

Doch wenigstens in dieser Hinsicht durfte sie aufatmen.

„Die beiden haben Glück gehabt, und das ist auch ihr Glück“, antwortete Hauptkommissar Müller. „Nur ein paar Prellungen, nichts Ernstes. Da alles so schnell ging, kann man nicht einmal genau sagen, ob die Verletzungen durch den Aufprall oder den rettenden Sprung zur Seite verursacht wurden. Sie sind bereits wieder zu Hause. Allerdings müssen Sie sich darauf gefaßt machen, daß dies ein weiterer Anklagepunkt sein wird, denn Sie sind nachweislich gefahren.“

Vivi nickte stumm. Die Tränen flossen still aus ihren Augen.

„Ich wollte doch anhalten, aber Günther ließ mich nicht. Niemals könnte ich jemanden absichtlich überfahren ...“ Auf einmal wurde sie grün im Gesicht.

Kommissarin Schatz, die das rechtzeitig bemerkte, half ihr rasch auf die Toilette, wo Vivi sich dann mehrmals übergeben mußte. Danach wurde sie in den dunklen, kleinen Raum zurückgeführt. Nur ein Tisch und drei Stühle befanden sich dort.

„Geht es Ihnen besser?“, erkundigte sich Müller.

„Ja, danke“, flüsterte sie.

„Sind Sie bereit zu einer Aussage?“, fuhr der Hauptkommissar fort.

Vivi nickte.

„Bitte antworten Sie laut, für das Tonbandprotokoll.“

„Ja.“

„Erzählen Sie uns bitte den Tathergang.“

Vivi erzählte, was sie erlebt hatte. Danach wurde das Tonband abgestellt.

„Danke, Frau Andraschek, das wäre fürs Erste schon alles. Ich lasse das Protokoll abschreiben, es wird Ihnen dann zur Unterschrift vorgelegt.“ Der Kommissar ging.

„Wenn Sie sich keinen eigenen Anwalt leisten können, stellt Ihnen das Gericht einen“, klärte Kommissarin Schatz sie auf. „Möchten Sie jetzt telefonieren?“

„Bitte, darf ich mit Günther sprechen?“

„Weshalb das?“

„Wegen des Anwalts.“

„Na gut, für ein paar Minuten können wir das schon gestatten."

Unter der Aufsicht einer Beamtin und eines Beamten traf Vivi auf Günther. Er wirkte nicht weniger bedrückt als sie. Dabei hätte sie ihn so gern stark und zuversichtlich gesehen, wie sie es gewohnt war. Was war sie denn schon ohne ihn? Ein Nichts, ein Niemand.

„Bist du mir noch böse?", fragte sie schüchtern.

Da grinste er. „He, ist schon in Ordnung. Wir hätten's eh nicht geschafft.

Vivi kämpfte heftig mit den Tränen. Wie sehr sehnte sie sich danach, daß Günther sie jetzt in den Arm nehmen würde. Aber das war natürlich nicht erlaubt. „Es tut mir so leid", flüsterte sie.

„Ja, verdammtes Pech", seufzte er. „Nicht zu ändern. Dem Jungen und den beiden Bullen geht's übrigens gut. Sie werden wahrscheinlich auf versuchten Totschlag plädieren, aber damit kommen sie nicht durch."

„Wir wollten doch keinem was tun!", rief sie erschrocken.

„Vergiß es. Siggi, mein Anwalt macht das schon."

„Günther, was mach' ich denn jetzt?"

„Wieso?"

„Ich hab' keinen Anwalt und erst recht kein Geld. Und der Pflichtverteidiger interessiert sich doch nicht für mich."

Günther zupfte an seinem Bärtchen. „Das ist blöd", murmelte er. Dann hellte sich sein Gesicht plötzlich auf. „Kein Problem, Schätzchen. Ich denke, Siggi kann uns beide vertreten."

Hoffnung keimte in ihr auf. „Meinst du wirklich?“

„Klar! So wird’s günstiger – und außerdem haben wir dann eher ’ne Chance, glaub mir! Hör zu, sobald Siggi da ist, setzen wir uns zusammen und sehen, was wir machen können. Okay?“

Vivi nickte langsam. Günther beugte sich vor und hob ihr Kinn mit einem Finger an. „Kopf hoch, es gibt Schlimmeres.“

„Das ist nicht erlaubt“, sagte der Polizist. „Bitte halten Sie den Abstand ein.“

„Ja, schon gut.“ Günther stand auf. „Wir sind ohnehin fertig. Bis dann, Vivi. Laß dich nicht unterkriegen.“ Zur Polizistin sagte er: „Seid nett zu ihr, ja?“

Vivi blieb getröstet zurück. Günther schien sich wieder gefangen zu haben. Vielleicht würde doch noch alles gut.

Siggi Wagrentz war bereits am nächsten Tag da und verlangte nach seinen beiden Mandanten. Er war tadellos gekleidet, mit Schlips und Nickelbrille. Niemand sah ihm an, daß er es faustdick hinter den Ohren hatte und einer der cleversten Rechtsausleger war.

Vivi sah blaß und übernächtigt aus. Sie hatte natürlich kein Auge zugetan und sich die ganze Nacht in dem unbequemen, engen Bett der Untersuchungszelle hin und her gewälzt.

Sie war das erste Mal im Gefängnis, und der Gedanke, nicht einfach aufstehen und gehen zu können, machte sie halb wahnsinnig. Ein paarmal war sie einem hysterischen Schreikrampf nahe, konnte sich aber immer gerade noch zusammenreißen.

Das hätte auch überhaupt nichts gebracht – man hätte sie höchstens für widerspenstig oder gar verrückt gehalten. Das Beste war, sich ruhig zu verhalten und guten Willen zu zeigen.

„Wie bin ich bloß hier hineingeraten?“, fragte sie sich zum wiederholten Male. Noch vor wenigen Stunden hatte sie geglaubt, ihrem Glück mit Günther könnte nichts im Wege stehen.

War wirklich sie es gewesen, die mit Günther zu der Tankstelle gefahren war, um sie zu überfallen?

Vivi kam das auf einmal ganz unwirklich vor. Das paßte doch gar nicht zu ihr ... Klamotten klauen war eine Sache, aber andere Menschen bedrohen ...

Woher hatte sie überhaupt den Mut genommen, da mitzumachen? War es wirklich schon so lange her, daß sie in der Schule als Feigling verschrien worden war?

Günther hatte sie mitgerissen, sie hatte wie er geglaubt, daß es keinen anderen Ausweg gäbe. Und sie hatte darauf vertraut, daß es gutgehen würde.

„Warum passiert das immer nur mir?“, erging sie sich in Selbstmitleid.

Sie wälzte sich von einer Seite auf die andere, die Gedanken drehten sich ebenso im Kreis. Vivi hatte furchtbare Angst. Was würde mit ihr geschehen?

„Sind Sie schwanger?“, stellte Siggi Wagrentz seine erste Frage an Vivi, die ihn völlig überrumpelt anstarrte.

„Wieso?“

„Na, weil das die Bedingungen erleichtern und sich milder auf das Urteil auswirken würde.“

Vivi fühlte eine kurze Herzbeklemmung. Dieses Thema machte ihr noch heute zu schaffen. Nach all den Jahren! Sie hatte sich von Günther dazu überreden lassen, die Pille zu nehmen. Und das, obwohl sie von ihm ein Kind gewollt hatte, schon von Anfang an. Das würde ihren Lukas nicht ersetzen können, aber den Schmerz lindern. Doch sie war nicht schwanger, und sie hatte in der nächsten Zeit sicher keine Chance, es zu werden.

Sie schüttelte den Kopf. „Nein, bin ich nicht.“

„Nun gut. Fangen wir also an.“ Wagrentz breitete die mitgebrachten Papiere aus. „Ich habe mir die beiden Geständnisse angeschaut, die ziemlich übereinstimmend sind. Euch wird sicher positiv angerechnet werden, daß ihr bei der Aufklärung mitgearbeitet habt. Und das müßt ihr auch weiterhin tun! An eurer Schuld gibt es ja keinen Zweifel, hier geht es allein um das Strafmaß. Und das soll natürlich so gering wie möglich ausfallen.“

„Müssen wir ins Gefängnis?“, fragte Vivi leise.

„Das steht außer Frage“, nickte Wagrentz. „Auf Bewährung geht hier gar nichts. Man könnte höchstens bei Ihnen auf das Jugenstrafrecht pochen, Vivien – ich darf Sie doch so nennen? –, weil Sie noch nicht 21 sind. Und da Sie keine Vorstrafen haben, gibt es da berechtigte Hoffnungen. Aber bei dir, Günther, sieht es weniger gut aus. Deshalb müssen wir es so hinbiegen, daß wir allen Teilen gleichermaßen gerecht werden und ihr so schnell wie möglich wieder draußen seid.“

Günther griff nach Vivis Hand. „Und wenn wir dann erst draußen sind, Vivi, fangen wir einfach ganz von vorne an. Gemeinsam. Was meinst du?"

Vivi lächelte schüchtern. Sie wagte das kaum zu hoffen. Würde Günther ihr wirklich die Treue halten? Liebevoll strahlte sie ihn an. „Ich bin zu allem bereit."

14.

Als die Sache Wochen später vor Gericht aufgerufen wurde, war Vivi voller Zuversicht. Sie hatte sich mit dem Gedanken abgefunden, daß sie ins Gefängnis mußte. Da sie es nun einmal nicht ändern konnte, mußte sie versuchen, damit fertigzuwerden.

Außerdem würde ihr die Zeit in der Untersuchungshaft angerechnet, so daß sie nicht die ganze Strafe absitzen müßte. Und mit ein bißchen gutem Willen und einem Fürsprecher könnte sie vielleicht schon nach einem Jahr den ersten Bewährungsantrag stellen.

So hatte Siggi Wagrentz ihr das erklärt.

Allerdings gab es noch einen Wermutstropfen: Sie wurde doch nicht nach dem Jugendstrafrecht angeklagt, weil sie beinahe zwei Menschen überfahren hätte. Aber der Staatsanwalt hatte ihr zunächst geglaubt, daß es keine Absicht gewesen und der Unfall nur passiert war, weil sie die Kontrolle über den Wagen verloren hatte. Das Wichtigste war ja wohl die Tatsache, daß Vivi den Unfall letztlich nicht verschuldet hatte. Die Anklage wegen versuchten Mordes würde doch sicher zurückgezogen werden, so hoffte Vivi. Und ihr gemeinsamer Anwalt schürte diese Hoffnung. Es war eine panische Reaktion gewesen, wobei nicht eindeutig geklärt werden konnte, welche Rolle ihr Freund dabei gespielt hatte. Vivis Aussage, daß er ihren Fuß mit seinem auf das Gaspedal niedergedrückt hatte, konnte nicht widerlegt, aber auch nicht bewiesen werden. Zwar hatten die Polizisten außer ein paar blauen Flecken keine Verletzungen erlitten, aber keiner der beiden konnte sich daran erinnern, wie sich die Sache abgespielt hatte. Es war auch für sie alles zu schnell gegangen.

Der Staatsanwalt ließ sich also im Vorfeld auf einen Handel ein – verlangte als Gegenleistung dafür jedoch, daß Vivi die volle Verantwortung für den Tankstellenüberfall übernahm und vor Gericht wie eine Erwachsene behandelt wurde. Siggi Wagrentz riet Vivi, sich damit zufrieden zu geben, und sie stimmte zuversichtlich zu.

Vivi saß ruhig auf der Anklagebank, neben ihr Günther. Er hatte inzwischen ebenso wie sie die typische Gefängnisblässe angenommen; ihm fehlten die regelmäßigen Sonnenbäder. Abgesehen davon wirkte er kräftig und gesund, fast so wie früher. Er strahlte gute Laune und Zuversicht aus, die sich auch auf Vivi übertrugen.

Wenn sie nur zusammen hielten, konnte alles nicht so schlimm werden. Es war kein Weltuntergang, wie Petra immer gesagt hatte.

Wie es Petra wohl ging? Und den anderen? Was würden sie sagen, wenn sie wüßten, daß sie inzwischen als überführte Räuberin angeklagt wurde? Vivi war froh, daß sie es nicht wußten. Das ging niemanden etwas an, es war ganz allein ihre Sache. Sie hatte mit Günther ein neues Leben angefangen und die Vergangenheit ein für alle Mal hinter sich gelassen. Niemand von ihrer Familie war informiert worden, sie hatte sich das ausdrücklich verbeten. Diese Leute existierten nicht mehr für sie. Bei ihrem Berliner Freundeskreis hatte sie sich nicht mehr sehen lassen, seit sie zu Günther gezogen war. Die beiden Welten hatten nicht zusammengepaßt. Die Clique war ein Sammelsurium von Verlierern und Tunichtguten. Vivi hatte sich unter ihnen wohlgefühlt, weil sie sich selbst so gesehen hatte. Günther hatte ihr dann gezeigt, daß es nicht unbedingt so sein mußte, daß es auch ein anderes Leben gab – wenn auch nicht im Rahmen der Legalität. Aber alles konnte man wohl nicht haben.

Und wenn sich die Gefängnistore für sie nach einiger Zeit wieder öffnen würden, fing sie eben mit Günther neu an. So, wie er es versprochen hatte. Die Zeit verging schnell, und sie waren beide jung. Was sollte schon passieren? Sie würden eben wieder eine Weile klauen gehen, bis sie genug auf die Seite geschafft hatten, um eine Familie zu gründen und anständig zu werden. Jemand wie Günther ließ sich nicht unterkriegen, er würde eine Möglichkeit finden, für sie zu sorgen.

Sie würde sich dann um Haus und Kinder kümmern und, wenn sie die Kraft hatte, wieder nach Lukas suchen und ihn zu sich nehmen. Sie zweifelte keine Sekunde daran, daß er mit ihr kommen würde, weil er spüren würde, wer seine wirkliche Mutter ist, und daß er zu ihr gehörte.

„Frau Andraschek, haben Sie gehört, was ich gesagt habe?“

Vivi fuhr aus ihren Tagträumen hoch. Sie hatte völlig vergessen, daß sie ja im Gerichtssaal saß und eigentlich ihrer Verhandlung folgen sollte. Schließlich ging es um sie. „Tut mir leid, Herr Richter, ich habe es nicht verstanden“, rief sie.

In den Zuschauerreihen erklang unterdrücktes Lachen. Diese Leute hielten sie jetzt wahrscheinlich für ziemlich dumm. Aber der Richter lachte nicht, er ermahnte die Anwesenden im Gerichtssaal zur Ruhe.

Der Gerichtssaal war nicht groß, alt und gediegen, wie Vivi es aus dem Fernsehen kannte. In der Luft hing der Geruch von Angstschweiß und muffiger Kleidung. Die Sitzreihen der Zuschauer waren nur mäßig besetzt; ein fehlgeschlagener Tankstellenüberfall ohne Blutvergießen war nicht allzu spektakulär. Nicht einmal Reporter hatten sich eingefunden. Es war auch niemand da, den Vivi kannte – es hätte ja zufällig sein können. Sie war froh darüber.

„Ich habe von Ihnen wissen wollen, ob Sie eine Anmerkung zu Ihrem Geständnis machen wollen“, wiederholte der Richter.

„Nein. Es war genau so, wie ich es ausgesagt habe.“

„Einige Aussagen decken sich nicht ganz mit denen Ihres Mittäters.“

Das überraschte Vivi nicht, darauf war sie vom Anwalt vorbereitet worden. „Die werden versuchen, euch dazu zu bringen, sich gegenseitig die Schuld zuzuschieben, um euch beide solange wie möglich hinter Gittern zu bringen."

„Das kommt auf die unterschiedliche Erlebnisweise an", antwortete sie dem Richter, wie es der Anwalt ihr eingetrichtert hatte.

Der Richter nickte dem Staatsanwalt zu. Der wandte sich nun an sie: „Sind Sie einverstanden, mir einige Fragen zu beantworten?"

„Natürlich." Vivi wußte, daß sie als Angeklagte gar nichts aussagen mußte. Aber was hätte ihr das gebracht? Sie wollte und sollte sich kooperativ zeigen.

„Sie bleiben also dabei, daß Günther Riedholzer, mit dem Sie seit über einem Jahr zusammenleben, der Initiator dieses Überfalls war?", stellte der Staatsanwalt die erste Frage.

„Ja. Er brauchte dringend Geld, noch am selben Tag."

„Weswegen?"

„Er schuldete jemandem Geld, hatte es aber nicht verfügbar."

„Jemandem?"

„Ich kenne diese Leute nicht. Bis dahin wußte ich nicht einmal, daß Günther ihnen Geld schuldete."

„Waren Sie besorgt?"

„Günther hat gesagt, daß mit diesen Leuten nicht zu spaßen sei. Ich hatte Angst."

„Also mußte eine Lösung her?"

„Ja."
„Und da kam die Idee des Tankstellenüberfalls ins Spiel?"
„Ja."
„Wessen Idee war das?"
„Günthers."
„Sind Sie sicher?"

Vivi blinzelte. „Ich verstehe Ihre Frage nicht. Das habe ich doch zu Protokoll gegeben. Es war die einzige Lösung, die Günther einfiel. Ich fand die Idee nicht gut, aber ich konnte ihn nicht davon abbringen."

„Ihnen war doch klar, daß es sich um eine Straftat handelte?", fuhr der Staatsanwalt fort.

„Selbstverständlich."

„Und trotzdem fuhren Sie mit?"

„Ich hoffte, Günther unterwegs davon abbringen zu können."

„Was Ihnen nicht gelang."

„Nein."

„Dann haben Sie eben mitgemacht." Das klang süffisant.

„Ja, Herrgott, ich wollte, daß es schnell über die Bühne geht, damit niemandem etwas passiert!" Vivi merkte, wie ihre Hände vor Nervosität feucht wurden. „Ich leugne ja nicht, daß ich dabei war!"

„Aber Sie bleiben dabei, daß Sie nicht die Initiative ergriffen haben?"

„Ich habe nur darauf geachtet, daß niemand kommt. Ich stand Schmiere." Wie immer, wäre es ihr beinahe noch herausgerutscht. Das tat nun wirklich nichts zur Sache und hätte sie kaum ins bessere Licht gerückt.

„Dann haben Sie den Tankstellenwächter nicht bedroht?“

„Ich ...“

„Überlegen Sie bitte sehr gut Ihre Antwort, Frau Andraschek“, ermahnte der Staatsanwalt sie eindringlich. „Nach Aussage des Kassierers, Herrn Gerd Petermann, haben Sie die Pistole auf ihn gerichtet.“

„Es war doch nur eine Spielzeugpistole!“

„Haben Sie oder haben Sie nicht?“, wiederholte der Staatsanwalt.

„Ja“, gab Vivi widerwillig zu. „Aber nur, weil ich wußte, daß sie nicht echt war!“

„Herr Petermann hielt sie aber für echt.“

„Günther hat sie mir in die Hand gedrückt, um den Kassierer in Schach zu halten. Ich hätte ihm aber gar nichts tun können!“

„Herr Petermann wurde aber niedergeschlagen und am Kopf so stark verletzt, daß er für einige Augenblicke das Bewußtsein verlor.“

„Ja, ich weiß nicht, weshalb Günther das getan hat.“

„Auf der Tatwaffe, einer Sektflasche, wurden Ihre Fingerabdrücke gefunden.“

„Einspruch“, meldete sich Siggi Wagrentz zu Wort. „Es befinden sich auch Günther Riedholzers Fingerabdrücke auf der Flasche. Das ist hier nicht von Bedeutung, da meine Mandanten zugeben, die Flasche gegen den Tankwächter eingesetzt zu haben."

„Herr Anwalt, mir liegt daran herauszufinden, wer von beiden der Haupttäter gewesen ist", erwiderte der Staatsanwalt. „Das wäre für den Moment alles, Frau Andraschek. Ich rufe jetzt als Zeugen Herrn Petermann auf."

Der junge Kassierer kam herein; er wirkte noch blasser und schmächtiger als an jenem Abend. Sichtlich nervös nahm er im Zeugenstand Platz. Er wagte es nicht, zu den beiden Angeklagten hinüberzusehen.

Die Gerichtsdienerin stellte Gerd Petermanns Personalien fest und nahm ihm den Eid ab.

Der Staatsanwalt bat seinen Zeugen, den Tathergang aus seiner Sicht zu schildern.

Im Großen und Ganzen deckte sich das mit Vivis Aussage, wie sie fand. Ihr gefiel jedoch nicht, daß sie plötzlich so hingestellt wurde, als sei sie bei dem Überfall aktiv geworden. Sie hatte sich eher als passive Mitläuferin empfunden; weder hatte sie den Überfall gewollt, noch geplant, noch angeführt. Das hatte sie in ihrer Aussage deutlich zum Ausdruck gebracht, aber niemand ging darauf ein.

„Weshalb greift denn Siggi nicht ein?", dachte sie besorgt. Sie suchte Blickkontakt zu ihrem Anwalt und forderte ihn mit stummen Worten auf, tätig zu werden, doch er machte beschwichtigende Gesten.

„Herr Petermann, wann haben Sie den Alarmknopf gedrückt?", fragte der Staatsanwalt.

„Als der Angeklagte plötzlich mit einer Waffe auf mich zielte. Es ist ein Fußtaster, und ich stand glücklicherweise gleich in der Nähe."

„Konnten Sie dann noch etwas zu Ihrem Schutz unternehmen?"

„Nein, die Waffe war direkt auf mich gerichtet. Ich habe nichts gesagt, sondern bin den Anweisungen gefolgt. Ich wollte nichts riskieren."

„Hatten Sie Zweifel, daß die Waffe losgehen und Sie töten könnte?"

„Nicht den geringsten."

„Sie haben also nicht bemerkt, daß der Angeklagte die Waffe zuvor aus Ihrem eigenen Shop von einem Spielzeugregal entwendet hatte?"

„Nein. Mir fiel die Frau – die Angeklagte auf. Sie wirkte unruhig und beobachtete dauernd den Eingang. Sie schien überhaupt nichts kaufen zu wollen. Das kam mir komisch vor. Vermutlich hatte ich deswegen auch schon den Fuß in der Nähe der Taste."

„Hat die Angeklagte auch zu Ihnen herüber gesehen?"

„Ja. Ihr Blick gefiel mir nicht. In dem Moment hielt ihr Begleiter mir schon die Waffe vors Gesicht."

„Sie haben also nicht auf den Begleiter geachtet, weil die Frau Sie durch ihr seltsames Verhalten ablenkte?"

„So war es."

„Und dann?"

„Dann kam sie sofort her und nahm ihm die Waffe ab und zielte damit auf mich. Der Angeklagte verlangte eine Tüte, um das Geld hineinzutun."

„Dabei wurden Sie dann niedergeschlagen?"

„Ja."

„Von wem?"

„Ich weiß es nicht. Ich bückte mich gerade, spürte einen Schlag, dann wurde mir schwarz vor Augen. Ich muß ohnmächtig geworden sein. Ich kam auf dem Boden wieder zu mir, da waren die beiden aber noch da. Es war alles feucht um mich und stank nach Sekt."

„Haben Sie zu erkennen gegeben, daß Sie wieder bei Bewußtsein waren?"

„Nein, ich hatte Angst, dann erneut geschlagen oder sogar erschossen zu werden. Ich konnte aber durch die Lücke zwischen Boden und Regal schauen und sehen, daß die Frau eine Flasche abstellte. Es war eindeutig eine Frauenhand. Der Angeklagte hat viel kräftigere und behaarte Hände. Und es war die Sektflasche, mit der ich niedergeschlagen worden war, wie später festgestellt wurde."

„Sie halten es also für möglich, von der Frau niedergeschlagen worden zu sein?"

„Ja."

„Das ist pure Spekulation!", rief Siggi Wagrentz.

„Ich möchte lediglich feststellen, daß der Schlag durchaus auch von einer Frau hätte ausgeführt werden können, wie gerichtsmedizinisch festgestellt wurde, und daß Frau Andraschek mit der Flasche in der Hand identifiziert wurde“, erklärte der Staatsanwalt. Er fuhr mit der Befragung fort: „Hat die Angeklagte versucht, den Angeklagten davon abzuhalten, das Geld zu nehmen?“

„Nein. Sie nahm die Waffe von ihm und richtete sie auf mich. Sie machte auf einmal einen sehr entschlossenen Eindruck, und ich hatte Angst.“

„Auch später, als die beiden Sie für bewußtlos gehalten haben, haben Sie nichts gehört, was zur Entlastung führen könnte?“

„Nein. Ich hatte wirklich den Eindruck, daß die Angeklagte von Anfang an alles im Griff hatte. Die Art, wie sie sich bewegt hat ... und die Pistole hielt sie mit zwei Händen. Der Angeklagte hielt sie nur mit einer Hand, die ziemlich stark zitterte. Ich hatte Angst, daß versehentlich ein Schuß losgehen könnte.“

„Bei ihr nicht?“

„Nein, sie schien ziemlich gefaßt zu sein.“

Vivi sprang auf. „Aber das ist ja gar nicht wahr!“, rief sie. „Und es war doch nur eine Spielzeugpistole!“

„Ruhe, Angeklagte“, mahnte der Richter. „Sie bekommen später Gelegenheit, sich dazu zu äußern.“

Vivi setzte sich wieder, ihre Augen waren feucht. „Günther,

was geht da ab?", flüsterte sie ihrem Freund zu. „Wieso tut Siggi nichts dagegen?"

„Klappt schon", murmelte er zurück. „Halt die Klappe, Vivi, du reißt uns nur noch mehr rein."

Vivi verstand die Welt nicht mehr. Hatte sie sie eigentlich je verstanden? Es war doch unmöglich, daß der Kassierer sie als die Haupttäterin ansah! Günther war es doch gewesen, der zuerst in den Laden ging, er hatte die Spielzeugpistole geklaut und dem armen Jungen vor die Nase gehalten. Sie hatte ihm die Flasche weggenommen, damit er nicht noch einmal zuschlagen konnte – und nun sollte sie es gewesen sein?

Und warum tat der Anwalt nichts?

„Ich werde hereingelegt", dachte sie verzweifelt, „alle sind gegen mich. Günther vertraut diesem Siggi viel zu sehr!"

Doch es kam noch schlimmer. Als Letzter machte Günther seine Aussage, der sich bisher nicht hatte äußern wollen.

Vivi wurde in den folgenden Tagen noch einige Male zur Ordnung gerufen, weil sie immer mehr die Fassung verlor.

Begriff denn niemand, daß es alles ganz anders gewesen war? Und sie hätten niemandem etwas mit der Pistole zuleide tun können ... nun gut, die Sache mit der Flasche kam noch hinzu, und natürlich auch die Geschichte mit dem Auto. Aber den Polizisten fehlte gar nichts, und der junge Mann hatte nicht einmal eine Gehirnerschütterung davongetragen! Und sie war es nicht gewesen, die zugeschlagen hatte ...

Doch Günther berichtete etwas ganz anderes.

Er wurde von seinem eigenen Anwalt befragt und erzählte die Geschichte aus einer Perspektive, die Vivi ganz neu war.

„Wie war es an dem Abend, als Sie Ihrer Freundin erzählten, daß Geldeintreiber vorbeikommen würden?“

„Sie rastete halb aus vor Angst und überlegte, wie wir an Geld kommen könnten. Aber die Banken und Läden hatten geschlossen. Da fiel ihr die Tankstelle ein.“

Vivi wurde leichenblaß, als sie das hörte. Ungläubig starrte sie Günther an, ihr ganzer Glaube an ihn brach wie ein Kartenhaus zusammen. Sie setzte schon dazu an, aufzuspringen und zu rufen, daß das eine Lüge und alles genau umgekehrt sei, doch sie fing rechtzeitig den mahnenden Blick des Richters auf, der das wohl vorausgesehen hatte.

Das also hatte der Richter mit den Ungleichheiten in ihren Aussagen gemeint! Günther hatte also ein übles Spiel getrieben und das Gegenteil von ihrer Version zu Protokoll gegeben!

„Haben Sie versucht, Ihre Freundin davon abzubringen?“

„Ich hielt es für eine schlechte Idee. Aber sie meinte, es ginge sehr schnell, und niemand käme zu Schaden, wenn wir es geschickt anstellten.“

„Wieso war sie dessen so sicher?“

„Sie hatte mir erzählt, daß sie früher schon mal geklaut hätte. Na ja, da habe ich mich überreden lassen. Mir waren diese Typen ja auch nicht geheuer, denen ich Geld schuldete.“

Günther berichtete dann übereinstimmend dieselbe Geschichte wie der Tankwächter und Vivi – bis zu der Sache mit der Flasche. Er gab noch zu, die Pistole genommen und den jungen Mann als Erster bedroht zu haben.

„Wieso haben Sie Ihrer Freundin dann die Waffe gegeben, anstatt sie das Geld einpacken zu lassen?“

„Mich machte dieses Ding nervös, obwohl ich wußte, daß es nicht echt war. Vivi ist in solchen Sachen cooler als ich. Sie hat das Ding richtig professionell gehalten, und ich hab' den Kassierer angebrüllt, mir eine Tüte zu geben, um das Geld einsacken zu können. Ich hab' ihn angeschrien, weil ich mir selbst fast in die Hosen machte.“

„Wer hat dann zuerst nach der Flasche gegriffen?“

„Vivi. Bevor ich reagieren konnte, hat sie dem armen Burschen eins übergezogen. Ich riß ihr die Flasche aus der Hand, aber sie nahm sie mir wieder weg und zeigte auf die Kasse. Da sprang ich über den Tresen und sackte das Geld ein. Ganz automatisch, ohne lange nachzudenken. Dann stellte sie die Flasche auf den Boden, wir rannten raus und fast direkt der Polizei in die Arme.“

„Wer fuhr den Wagen?“

„Sie, also Vivi. Ich wollte gleich rechts anhalten, aber Vivi trat das Gaspedal durch und riß das Lenkrad herum. Wie eine Bescheuerte fuhr sie dann davon, verlor die Kontrolle über den Wagen und krachte genau in die Straßensperre. Ich konnte überhaupt nichts mehr tun.“

Vivi saß wie versteinert da. Die Tränen rannen ihr still über die Wangen. „Das ist doch alles nicht wahr“, flüsterte sie ganz leise.

15.

Es war für den Richter nicht leicht, sich ein Urteil zu bilden.

Es gab zwei Täter, die sich gegenseitig beschuldigten, und nur einen Zeugen, der nicht den gesamten Tatvorgang mitbekommen hatte.

Es war nicht einfach, den genauen Ablauf des Überfalls zu rekonstruieren. Sowohl Günther als auch Vivi waren zur Entscheidungsfindung nach ihrem Vorleben befragt worden. Dabei verwickelte sich die junge Frau immer mehr in Widersprüche, und es war offensichtlich, daß sie einiges zu verbergen hatte. Günther hingegen zeigte sich von seiner besten Seite, vielleicht nicht als idealer Schwiegersohn, den sich eine Mutter für ihre Tochter wünschte, aber er hatte für alles eine Erklärung und lebte angeblich seit vielen Jahren in geordneten Verhältnissen.

Vivi hatte überlegt, von seinen Diebstählen zu berichten, aber das hätte sie selbst nur noch weiter hineingerissen, denn auch daran war sie schließlich beteiligt gewesen.

Verzweifelt saß sie in ihrer Zelle und versuchte zu begreifen. Hatte Günther sie also die ganze Zeit belogen? Gemocht hatte er sie wahrscheinlich schon, und es hatte ihm bestimmt Spaß gemacht, sie zu verwöhnen. Aber wirklich geliebt hatte er sie nie. Er hatte in ihr ein naives Mädchen gefunden, das er nach Strich und Faden ausnutzen konnte. Und Vivi hatte sich blenden lassen von seinem Geld und seinen Worten. Sie hatte ihm alles geglaubt, dabei hatte er ihr nur geschickt gesagt, was sie gerne hören wollte. Vor allem, daß sie sich nach Kindern sehnte – und so getan, als ob es ihm ebenso ginge.

Sie war seine Botin gewesen, sie hatte Schmiere gestanden, ihm sogar ihr ganzes Geld gegeben, weil sie meinte, etwas gutmachen zu müssen. Er hatte so getan, als wenn er ihr Geld nicht wollte – aber es trotzdem genommen und nie zurückgezahlt.

Und alle waren so nett zu ihr gewesen! Wahrscheinlich hatten sie sich hintenrum über ihre Blödheit totgelacht. Sie war genau das gewesen, was er brauchte: Ein hübsches Mädchen zum Vorzeigen und Angeben, ein nettes Betthäschen, das freiwillig den Pascha vorn und hinten verwöhnte und alles mitmachte, ohne viel nachzudenken. Die ideale Partnerin für einen Windhund wie Günther. Und nun, da es ihm an den Kragen ging, ließ er sie voll reinrasseln, um selbst so glimpflich wie möglich davonzukommen. Und wenn er erst aus dem Knast raus war, würde er sich bestimmt umgehend auf die Suche nach dem nächsten naiven Dummchen machen.

So stand sie nun als diejenige da, die alles geplant und durchgeführt hatte.

Der Richter sah das auch so. Er gab zu, daß es in diesem Fall nicht eindeutig beleg- und beweisbar sei, wer wen angestiftet habe, und auch die Flucht sei nicht mehr genau nachvollziehbar. Aber Tatsache sei nun einmal, was der verletzte Petermann gesehen und gehört habe, und da spreche einiges gegen Vivi.

„Aus diesem Grund, und weil es sich um den erfüllten Tatbestand des bewaffneten Raubüberfalls handelt, verurteile ich Sie zu einer Strafe von fünf Jahren", sagte er. „Es spielt nämlich keine Rolle, ob die Pistole echt war oder nicht. Herr Petermann fühlte sich und sein Leben bedroht, und das reicht nach der heutigen Rechtsprechung zur vollen Erfüllung des Tatbestandes."

Vivi schluckte mühsam. Ihre Augen verschwammen, flehend sah sie den Richter an. Meinte er das wirklich ernst? Oder würde er nicht doch sein gütiges Herz sprechen lassen, das bestimmt längst erkannt hatte, daß die Angeklagte nur ausgenutzt worden war und auf ihre ganz eigene ungeschickte Art in diese Sache hineingeschlittert war?

Doch leider erfüllte sich dieser Wunsch nicht.

Der Richter fuhr sachlich fort:

„Während der Verhandlung konnte ich den Eindruck gewinnen, daß Sie bis zum Moment der Flucht mit dem Auto zu jeder Zeit in der Lage waren, Ihr Handeln und dessen Folgen einzuschätzen. Man kann nicht davon ausgehen, daß Sie – mit Ausnahme der Flucht –, in Panik oder vorübergehender geistiger Unzurechnungsfähigkeit handelten. Die Tat wurde geplant und kaltblütig ausgeführt. Es spielt dabei keine Rolle, wer von

Ihnen beiden die eigentliche Idee hatte. Wenn es stimmt, daß Ihr Lebensgefährte die Idee hatte, hätten Sie mit allen Mitteln verhindern müssen, daß er die Tat begeht, oder sich zumindest nicht daran beteiligen. Das haben Sie aber beides nicht getan.

Sie waren sich zu jeder Zeit bewußt, gegen das Gesetz zu verstoßen, das haben Sie selbst zu Protokoll gegeben und auch hier im Gerichtssaal mehrfach ausgesagt.

Ebenso haben Sie die mögliche Verletzung eines Menschen billigend in Kauf genommen. Mildernd mag sich hierbei auswirken, daß die Pistole nur ein Spielzeug war, so daß in diesem Punkt kein unmittelbarer Tötungsvorsatz anzunehmen ist. Erschwerend ist aber das Einsetzen der Sektflasche als Waffe zu sehen. Es wäre möglich gewesen, daß der Schlag den Zeugen noch schwerer, unter unglücklichen Umständen sogar tödlich verletzt hätte. Anhand der Aussage des Zeugen muß man den Eindruck gewinnen, daß Sie den Schlag ausgeführt haben. Ebenso halte ich es für nachteilig, daß Sie den Zeugen in Schach hielten, während ihr Partner sich um das Geld kümmerte.

Nach genauer Überlegung ist das Gericht daher zu der Überzeugung gekommen, daß Sie als Haupttäterin für diesen Überfall zur Rechenschaft zu ziehen sind, und Ihr Partner als Mittäter.

Glücklicherweise ist der Überfall für alle Beteiligten glimpflich verlaufen. Ich rechne Ihnen auch an, daß es Ihre erste bekannt gewordene Straftat ist und daß Sie ansonsten einen zwar etwas unbeherrschten, aber keinesfalls gewalttätigen Eindruck machen. Auch haben Sie sich weitgehend kooperativ verhalten und nicht versucht, die Tat als eine Art dummen Streich herunterzuspielen. Sie haben auch Ihre Reue glaubhaft gemacht.

Dennoch, und unter Berücksichtigung des schweren Unfalls nach dem Überfall, der auch nicht restlos geklärt werden kann – Ihr Lebensgefährte behauptet, Sie hätten die beiden Polizisten mit Absicht aus dem Weg haben wollen –, kann ich Sie leider nicht mehr dem Jugendstrafrecht unterstellen. Sie werden daher zur Abbüßung Ihrer fünfjährigen Haftstrafe in die Frauenvollzugsanstalt Reutlitz überstellt.

Diese Zeit sollten Sie allerdings nicht nur als Bestrafung für Ihre Tat ansehen, sondern auch als Gelegenheit zur Besinnung nutzen und einen ordentlichen Lebenswandel nach Ihrer Entlassung anstreben."

Vivi war wie gelähmt; sie hörte nicht mehr zu, als der Richter anschließend Günthers Urteil verlas.

Sie sah, wie der Mann, den sie noch bis vor kurzem als ihren Geliebten, ihren Gefährten und Lebenspartner angesehen hatte, selbstzufrieden grinsend dahockte.

Deshalb also der gemeinsame Anwalt, weil Siggi natürlich auf seiner Seite sein würde! Günther hatte es von Anfang so geplant, und Vivi in ihrer Ahnungslosigkeit war auch noch dankbar für die Vertretung gewesen und hatte jedes Wort des Anwalts geglaubt und darauf vertraut, daß sie beide so glimpflicher davonkommen würden! Aber natürlich hatte Günther nur sich damit gemeint!

Und von der ersten Aussage an hatte er die ganze Sache auf sie geschoben – und ihr gegenüber so getan, als wenn alles in bester Ordnung wäre und er nach wie vor für sie sorgen wollte!

„Du verdammtes Schwein“, zischte sie. In ihren blauen Augen stand blanker Haß.

Sein Grinsen wurde noch breiter. „Pech, Süße“, sagte er nur.

Der Magen drehte sich ihr um, und sie hätte sich fast übergeben. Am liebsten hätte sie ihm ins Gesicht geschlagen, aber sie riß sich zusammen. Am Ende müßte sie dann noch einige Tage mehr absitzen, und diese Genugtuung würde sie ihm niemals gönnen.

Also war es so, daß Vivi wieder belogen und betrogen worden war, wie schon so oft in ihrem Leben. Immer war sie nur ausgenutzt worden, hatte nie echte Liebe und Freundschaft erlebt.

„Jeder denkt doch immer nur an sich“, schoß es ihr durch den Kopf. „Und ich bin die Dumme, weil ich immer noch an das Gute im Menschen glaube. Ich bin gern für andere da, und ich dachte, daß dann auch jemand gern für mich da sein würde.“

Wenn man gab, hatte sie gehofft, würde auch zurückgegeben. Nicht von jedem, natürlich. Aber von denjenigen, die ihr am nächsten standen.

Und nun mußte sie erkennen, daß ihr überhaupt niemand nahestand. Daß sie nur dafür gut war, den Dreck anderer wegzuräumen und den Kopf für sie hinzuhalten. Oder sich ausnutzen und mißbrauchen zu lassen, in jeder Hinsicht und ohne Tabus.

„Am schlimmsten sind die Männer!“, dachte sie zornerfüllt. „Eher will ich sterben, als daß ich jemals wieder einen Mann so nahe an mich heran lasse! Nie wieder werde ich einen Mann lieben! Nie wieder lasse ich mir etwas von ewiger Treue und Zuneigung vorheucheln!“

Alle diese schlimmen Erfahrungen brachten sie zu der Überzeugung, daß man keinem Mann und nur sehr wenigen Frauen trauen konnte. Die Einzigen, die je zu ihr gehalten hatten, waren damals die Mädchen der Clique von Barneberg gewesen, vor allem Petra und Sabine. Trotzdem hatte es keinen Sinn mehr gehabt, diese Freundschaft zu erhalten, denn sie lebten zu weit voneinander entfernt. Vivis Leben hatte sich in eine andere Richtung entwickelt. Und nachdem sie Günther kennengelernt hatte, hatte sie geglaubt, niemanden sonst mehr zu brauchen, sondern die Erfüllung gefunden und eine glückliche Zukunft vor sich zu haben.

Jetzt würde sich ohnehin niemand mehr mit ihr abgeben wollen. Es war eine Sache, Kleinigkeiten aus einem Kaufhaus zu stehlen. Aber eine andere, jemanden zu überfallen, zu bedrohen und auszurauben. Sogar Petra würde sich jetzt von ihr abwenden und ihr vorwerfen, daß sie sich wieder einmal habe übertölpeln lassen. Petra hätte sich nie von ihrem Vater mißbrauchen lassen. „Die anderen sind die Opfer, nicht ich!“, hatte sie großspurig getönt. Petra wollte auf keinen Fall zu den Verlierern gehören.

Und zu dieser Kategorie gehörte Vivi eindeutig.

Irgendwie würde sie die Zeit im Knast schon überstehen. Wenn sie wieder herauskam, wäre sie vierundzwanzig, noch jung genug für einen Neuanfang. Irgendwie würde sie schon einen Job finden, eine Bleibe, sich über Wasser halten. Berlin war groß, es gab unzählige Möglichkeiten.

Wichtig war, daß sie wieder zu sich selbst zurückfand. Ihre Sehnsucht nach Liebe und nach ihrem Sohn vergrub sie erneut tief in ihrem Innern. Dennoch wollte sie die Hoffnung nicht aufgeben, daß es irgendwo einen Menschen gab, der ihre Liebe wollte, ohne Hintergedanken, und sie ebenfalls lieben würde.

„Ich werde älter", sprach Vivi sich selbst Mut zu. „Ich werde in Zukunft besser auf mich aufpassen, um nicht dauernd auf irgendwelche Blender hereinzufallen. Dann werde ich keinen Mann mehr in meine Nähe lassen, außer meinem Lukas natürlich. Und eines Tages werde ich ihn finden, wenn ich aus dem Knast wieder raus bin.

Daran klammerte sich Vivi, als sie in den Transportwagen der Polizei stieg, der sie zum Gefängnis bringen würde.

Sie war erstaunt, daß sie keine Angst hatte. Immerhin war sie zu Recht verurteilt worden, sie hatte ein Verbrechen begangen, wenn auch als Mittäterin. Der Richter hatte ganz Recht gehabt: Sie hätte es verhindern müssen oder gar nicht erst mitfahren dürfen. Sie war wieder einmal überrumpelt und hereingelegt worden, aber das würde ihr von jetzt an nie wieder passieren. Und in diesem Frauengefängnis Reutlitz konnte es auch nicht schlimmer sein als an all den Orten, an denen sie bisher gelebt hatte.